Roland Dubillard, Pierre Gripari,
Jean-Claude Grumberg, Jean Tardieu

Courtes pièces à lire et à jouer

Présentation, notes, questions et après-texte établis par
CÉCILE PELLISSIER
professeur de Lettres

MAGNARD

© Âge d'Homme, 1986, pour *Inspecteur Toutou* de Pierre Gripari.
© Actes Sud/Théâtre de Sartrouville-CDN, 2006, pour *Mange ta main* de Jean-Claude Grumberg.
© Éditions Gallimard pour « Finissez vos phrases ! ou Une heureuse rencontre » de Jean Tardieu, recueilli dans *La Comédie du langage*, in *Le Professeur Froeppel* ; et pour « Le pot-au-feu » de Roland Dubillard, in *Les Nouveaux Diablogues*.

© Éditions Magnard, 2013, pour la présentation, les notes, les questions, l'après-texte et l'interview exclusive.

www.magnard.fr
www.classiquesetcontemporains.com

Sommaire

Présentation 5

Le Pot-au-Feu, Roland Dubillard
Texte intégral................................. 9
Inspecteur Toutou, Pierre Gripari
Texte intégral................................ 15
Mange ta main, Jean-Claude Grumberg
Texte intégral................................ 67
Finissez vos phrases ! ou Une heureuse rencontre, Jean Tardieu
Texte intégral............................... 111

Après-texte

Pour comprendre
Étapes 1 à 6 (questions)....................... 122

Groupements de textes
Les héros de contes et leurs avatars 134
Jouer avec les mots........................... 142

Interview exclusive de Jean-Claude Grumberg 148

Information/Documentation
Roland Dubillard, Pierre Gripari,
Jean-Claude Grumberg, Jean Tardieu............... 155

Présentation

INITIATION AU THÉÂTRE

Les quatre courtes pièces à lire et à jouer proposées dans ce recueil ont plusieurs points communs. D'abord, elles ont été écrites par des auteurs dramatiques très connus de notre époque, hommes de théâtre expérimentés, comédiens et poètes, qui se jouent avec bonheur du langage et des conventions théâtrales. Ensuite, elles sont amusantes et ouvrent des possibilités de jeu immenses. Enfin, elles témoignent de l'immense qualité de la production théâtrale actuelle pour la jeunesse.

Roland Dubillard, poète, écrivain et comédien français, est né en 1923 et décédé fin 2011. Il a beaucoup joué, aussi bien sur la scène qu'au cinéma, et a été metteur en scène et scénariste. Il a écrit de nombreuses pièces de théâtre ainsi que des nouvelles, des recueils de poésies, des essais et un récit autobiographique. Il a reçu de nombreux prix littéraires, en particulier le Molière de l'auteur francophone vivant en 2008 pour *Les Diablogues*. Ce recueil de courtes « inventions à deux voix », écrites à l'origine pour la radio et qu'il interprétait lui-même avec un partenaire, a été publié en 1976, puis complété par un second recueil, intitulé *Les Nouveaux Diablogues,* paru en 1988. *Le Pot-au-feu,* qui ouvre ce présent ouvrage, en fait partie.

Pierre Gripari est né en 1925 et décédé en 1990. Il a exercé de nombreux métiers avant de pouvoir vivre de sa plume. Il a beaucoup écrit, aussi bien des romans, des nouvelles, des poèmes, des récits que des pièces de théâtre et des critiques littéraires. Mais il est surtout connu pour ses *Contes de la rue Broca*, publiés en 1967, qui sont traduits dans le monde entier. Il a reçu le Prix Voltaire pour l'ensemble de son œuvre en 1976. La pièce *Inspecteur Toutou* est parue pour la première fois en 1984.

Jean-Claude Grumberg est né en 1939 à Paris. Son premier ouvrage de théâtre, *Demain une fenêtre sur rue*, est paru en 1968. Lui aussi a exercé plusieurs métiers avant de devenir auteur dramatique et scénariste : il a surtout été tailleur, comme son père disparu dans un camp d'extermination durant la Seconde Guerre mondiale et auquel il rend particulièrement hommage dans sa célèbre pièce *L'Atelier* (qui a reçu en 1999 le Molière de l'auteur francophone vivant). Il a également été comédien et a joué dans plusieurs pièces, dont les siennes. Il a commencé à écrire pour la jeunesse en 1999 avec *Le Petit Violon*. *Mange ta main* est parue pour la première fois en 2006.

Jean Tardieu, écrivain et poète français, est né en 1903 et mort en 1995. Élevé dans un milieu artiste (son père était peintre et sa mère musicienne), il s'est très vite tourné vers la poésie. Il a aussi beaucoup écrit pour le théâtre et pour la radio, à une époque où de nombreuses pièces étaient radiodiffusées. Il s'est beaucoup intéressé au langage, à sa sonorité, et s'est interrogé sur le sens et la fonction des mots ainsi que sur les conventions du théâtre dont certaines lui paraissaient dépassées, ridicules ou inutiles. *Finissez vos phrases ! ou Une heureuse rencontre* est parue pour la première fois dans le recueil *La Comédie du langage* en 1978.

Roland Dubillard
Le Pot-au-feu

Le Pot-au-feu

Deux : Non, moi je vous dis : si vous avez faim, le plus simple, c'est que nous mangions quelque chose.

Un : Vous n'allez pas me faire croire que vous avez faim aussi.

Deux : Mais si, figurez-vous : j'ai faim.

Un : Ça, c'est assez drôle.

Deux : Mais non, pourquoi ?

Un : Tout de même ! que vous éprouviez la même sensation que moi, et précisément à la même heure.

Deux : C'est que c'est une heure excellente pour avoir faim. Interrogez autour de vous, vous verrez. Entre dix-neuf et vingt heures trente, tous les jours, tout le monde a faim.

Un : Oh, non ! tout de même... voyons : ce n'est pas possible. Il y a des coïncidences[1], je veux dire, mais celle-là serait un peu grosse.

Deux : Ce n'est peut-être pas une coïncidence.

Un : Je suis sûr que vous exagérez. Il n'est pas possible que tout le monde, entre dix-neuf et vingt heures trente tout à coup, sans raison, se mette à avoir faim. Même en Angleterre.

Deux : Je ne parle pas des Anglais. Les Anglais n'ont jamais faim.

Un : Même si c'est vrai pour la France seulement, c'est absurde[2]. C'est inexplicable.

Deux : Je vous assure : vous réfléchissez trop. Vous avez

---

1. Faits ou idées qui se produisent en même temps, par hasard, alors qu'on ne s'y attendait pas.
2. Illogique, idiot.

faim, moi aussi, alors la seule chose qui importe en ce moment, c'est de manger quelque chose.

Un : Il va encore falloir manger quelque chose. C'est vrai. Qu'est-ce que ça va être ?

Deux : Personnellement, j'ai un petit pain, dont je vous offrirais bien volontiers une partie.

Un : Non. Il nous faudrait quelque chose de plus sérieux.

Deux : Un pot-au-feu[1].

Un : Pourquoi pas ? D'accord pour un pot-au-feu ?

Deux : D'accord.

Un : Alors, au travail. Qu'est-ce qu'il nous faut, pour faire un pot-au-feu ?

Deux : De la méthode.

Un : Oui. Nous en avons.

Deux : Du feu.

Un : Oui.

Deux : Un pot.

Un : Oui. Nous n'avons pas de pot.

Deux : Non. Attendez. Je sais où chercher un pot. On vend des pots au rez-de-chaussée de l'immeuble.

Un : Chez un marchand de pots ?

Deux : Il ne vend pas que des pots. Il vend aussi des balais, des miroirs, des marteaux, des cerfs-volants, du plomb de chasse[2]. C'est un quincaillier.

---

1. Plat traditionnel qui se compose de morceaux de bœuf bouilli, d'os à moelle, de légumes et d'épices.
2. Terme qui désigne les cartouches de plombs que l'on utilise pour charger les fusils de chasse.

Le Pot-au-feu

Un : Voilà une chose surprenante. J'admets qu'on appelle charcutier un homme qui vend toutes sortes de charcuterie. Mais donner un nom spécial à un homme qui vend tant d'objets si différents. Si celui qui vend des miroirs et du plomb de chasse s'appelle un quincaillier, comment s'appellerait celui qui vendrait par exemple de la limonade et des chauffe-bains[1] ?

Deux : Je ne sais pas. La question du pot étant réglée, avez-vous du feu ?

Un : Non.

Deux : Moi non plus.

Un : Alors, il faudra en faire.

Deux : Oui. Avec quoi.

Un : Ne vous tourmentez pas. Je sais faire du feu.

Deux : Comment ?

Un : Avec des allumettes. Et ça tombe bien : j'en ai.

Deux : Nous avons le pot, nous avons le feu. Qu'est-ce qu'il nous faut de plus pour faire un pot-au-feu ?

Un : De l'eau. Je n'ai pas d'eau sur moi.

Deux : Écoutez : nous en prendrons un peu dans les tuyaux. C'est très simple, il n'y a qu'à tourner un robinet : l'eau coule... Ça ne se verra même pas.

Un : Dans l'eau du pot-au-feu, qu'est-ce qu'on met ?

Deux : Un morceau de bœuf, je crois.

Un : Aille[2] ! Un morceau de bœuf. Oui. Un morceau de

---

1. Appareils qui contiennent et chauffent l'eau utilisée pour remplir la baignoire.
2. Aïe : interjection qui exprime la douleur.

sucre, ce n'est pas difficile, il suffit d'avoir du sucre, encore faut-il avoir un bœuf sous la main.

Deux : Remarquez, j'ai de la famille à la campagne. Il suffirait que j'écrive.

Un : Ouais. Et quand nous aurons reçu le bœuf, qu'est-ce qu'ils nous restera à trouver ?

Deux : Pour un pot-au-pot au feu, je crois qu'il faut au moins une carotte.

Un : Tiens ! je viens justement d'acheter un petit pot de peinture couleur carotte.

Deux : Ça ne remplace pas. Et même si nous avions quelque chose de la forme d'une carotte pour le peindre avec votre peinture...

Un : Vous n'avez pas une bougie.

Deux : Taillez-la en forme de carotte : j'ai un canif.

Un : Je veux bien essayer. Seulement, dites-moi, le pot-au-feu, il faut le faire bouillir ?

Deux : Oui.

Un : Une fois taillée et peinte, j'ai bien peur que notre carotte ne supporte pas les hautes températures.

Deux : Vous croyez qu'elle va fondre ?

Un : Je le crains. D'ailleurs, même si elle ne fond pas, ça ne doit pas être bon, une carotte qu'on fait comme ça soi-même, avec de la bougie.

Deux : C'est comme tout : il faut savoir. Alors, comment voulez-vous, quand on n'est pas capable de faire une simple carotte, comment voulez-vous qu'on arrive à faire un pot-au-feu ?

Un : Oui. Il vaut mieux faire confiance aux spécialistes.

Deux : Venez, il y a un restaurant en face.

Un : Vous êtes sûr qu'il y aura du pot-au-feu ?

Deux : Pas forcément. C'est le mauvais côté de la spécialisation. On mangera ce qu'il y aura.

Pierre Gripari
Inspecteur Toutou

La réalisation de cette pièce nécessite un musicien, deux comédiens et deux comédiennes.

Le musicien jouera le rôle du Musicien.
Un comédien jouera le rôle de l'Inspecteur Toutou.
Une comédienne jouera le rôle du Génie du Miroir.
Le second comédien jouera tous les autres rôles masculins, soit : le Loup, le Prince Charmant, le Diable et le Capitaine des voleurs.
La seconde comédienne jouera tous les autres rôles féminins, soit : la Reine de Blanche-Neige, la Bûcheronne et la Fée Rutabaga.

La scène se passe dans le bureau de l'Inspecteur Toutou. Un bureau et son siège, plus une chaise pour les visiteurs. Au mur du fond est fixé le Miroir magique.

Inspecteur Toutou

SCÈNE I
Le Génie du Miroir

Le Génie *(d'abord invisible)* : Bonjour, mes petits enfants ! Bonjour ! *(un temps)* Eh bien, bonjour ! *(un temps)* Est-ce que vous me voyez ? *(un temps)* Non, bien sûr, vous ne me voyez pas. Et savez-vous pourquoi vous ne me voyez pas ? C'est parce que je suis invisible ! *(un temps ; la tête du Génie apparaît dans le miroir).* Et maintenant, me voyez-vous ? Mais oui, par ici, coucou ! Et savez-vous pourquoi vous me voyez, maintenant ? C'est parce que je suis devenu visible !... À présent, je vais vous poser une question difficile : savez-vous qui je suis ? Non, vous ne le savez pas ? Eh bien, je vais vous le dire... Voyons, nous sommes bien seuls, personne à droite, personne à gauche ? Ouvrez bien les oreilles... Je suis le Génie du Miroir magique ! Eh oui ! Car ce miroir, fixé au mur, où vous voyez ma tête, c'est le miroir magique de la Reine de Blanche-Neige ! Vous connaissez, bien sûr, l'histoire de Blanche-Neige ? Eh bien, moi, pas plus tard que la semaine dernière, j'appartenais encore à la reine, vous savez, cette reine si belle, et tellement orgueilleuse... Elle m'aimait bien, au commencement, elle se mettait en face de moi, me parlait gentiment, me faisait des sourires... Entre nous, je crois qu'elle me trouvait beau... Et chaque matin, sitôt levée, elle me demandait : « Miroir, petit miroir au mur, quelle est la plus belle de tout le pays ? » Alors, moi, je lui répondais. Je lui répondais la vérité, bien sûr, je ne suis pas menteur... Elle était contente... Et puis voilà qu'un beau matin, elle s'est levée,

25 comme d'habitude, elle m'a posé la même question, comme d'habitude, je lui ai dit la vérité, comme d'habitude, mais ce jour-là, je ne sais pas pourquoi, elle est entrée dans une colère ! mais dans une de ces colères ! J'ai bien cru qu'elle allait me casser ! Elle m'a traité de traître, de menteur, de je ne sais quoi
30 encore... Et, pour finir, elle a ordonné qu'on me vende. C'est la police qui m'a acheté, et c'est pourquoi, maintenant, je me trouve dans le bureau de l'Inspecteur Toutou. Ce qu'il veut faire de moi, j'avoue que je n'en sais rien. De toute façon, je ferai comme j'ai toujours fait : je répondrai si l'on m'interroge,
35 et je dirai la vérité... Mais silence, maintenant, silence, taisons-nous ! La pièce va commencer ! *(la tête disparaît)*

SCÈNE II
Le Génie, Le Musicien, Toutou

(Entre le Musicien, qui joue un petit air sur son instrument pour servir d'ouverture. Le téléphone sonne. Entre l'Inspecteur Toutou : demi-masque à tête de chien de chasse, les oreilles pendantes. Il décroche l'appareil et répond.)

Toutou : Allô, oui ?

Le Musicien *(il se pince le nez pour imiter le nasillement du téléphone)* : Allô ! C'est l'Inspecteur Toutou ?

Toutou : Lui-même.

Le Musicien : Ici la bonne fée Rutabaga[1].

Toutou : Non, merci. Je n'aime pas les légumes.

Le Musicien : Je ne vous demande pas si vous aimez les légumes, je vous dis que je suis la bonne fée Rutabaga.

Toutou : Eh bien ? C'est un légume, le rutabaga, non ?

Le Musicien : Laissons cela. Je suis une fée, une bonne fée, vous savez ce que ça veut dire ?

Toutou : Euh... oui, je crois, peut-être... Que voulez-vous ?

Le Musicien : Eh bien voilà, Monsieur l'Inspecteur : j'ai perdu ma baguette, quelque part, dans la forêt.

Toutou : Il y a longtemps ?

Le Musicien : Hier soir, je pense.

Toutou : Alors, ne cherchez plus, c'est inutile.

---

[1]. Gros navet.

Le Musicien : Pourquoi ? Vous l'avez trouvée ?

Toutou : Non, mais depuis hier, vous pouvez être sûre que les petits oiseaux l'ont mangée !

Le Musicien : Les petits oiseaux, manger ma baguette ?

Toutou : Eh oui ! Qu'est-ce que vous croyez ? Si j'étais vous, j'irais tout de suite chez le boulanger pour en acheter une autre !

Le Musicien : Mais vous n'y êtes pas, Monsieur Toutou ! Je vous parle d'une baguette magique !

Toutou : Et puis après ? Qu'est-ce que ça change ? Magique ou pas magique, une baguette, c'est toujours une baguette !

Le Musicien : Mais non ! Je vous répète...

Toutou : Écoutez, madame, cela suffit ! J'ai autre chose à faire et je n'ai pas de temps à perdre ! Ou bien vous allez chez le boulanger, ou bien vous mangerez vos rutabagas sans pain ! Au revoir ! *(il raccroche)* Gling !

Le Musicien : Mais non, ce n'est pas ça ! Vous n'avez rien compris ! *(sa voix se perd)*

Toutou : Maintenant, parlons de choses sérieuses. *(il s'approche du miroir)* – Miroir, petit miroir au mur, me vois-tu ? M'entends-tu ?

Le Génie *(apparaissant dans le miroir)* : Oui, mon maître !

Toutou : Ça marche ! Miroir, petit miroir au mur, peux-tu me dire qui je suis ?

Le Génie : Tu es l'Inspecteur Toutou.

Toutou : Très bien. Peux-tu me dire quel est mon métier ?

Le Génie : Tu es inspecteur de police.

Toutou : Parfait. Est-ce que je suis un beau toutou ?

Inspecteur Toutou

Le Génie : Tu es un très beau toutou !

Toutou : Bravo ! Est-ce que je suis un bon toutou ?

Le Génie : Tu es un très bon toutou !

Toutou : Formidable ! Est-ce que je suis un toutou intelligent ?

Le Génie : Non, tu n'es pas un toutou intelligent.

Toutou : Ah zut alors ! Déjà en panne ? *(il frappe le miroir de l'index).* Miroir, petit miroir au mur, me vois-tu ? m'entends-tu ?

Le Génie : Oui, mon maître.

Toutou : Est-ce que je suis un toutou intelligent ?

Le Génie : Non, tu n'es pas un toutou intelligent !

Toutou : Tu en es sûr ?

Le Génie : Tout à fait sûr.

Toutou : Après tout, c'est peut-être vrai... Je suis un toutou bête ?

Le Génie : Oui, tu es un toutou bête.

Toutou : Beau, bon, mais bête, alors ?

Le Génie : Oui. Très beau et très bon, mais très bête.

Toutou : Pas de chance ! Mais après tout ce n'est pas cela qui importe... Miroir, petit miroir au mur...

Le Génie : Oui, mon maître.

Toutou : Si je te pose une question, que feras-tu ?

Le Génie : Je répondrai.

Toutou : Toujours ?

Le Génie : Toujours.

Toutou : La vérité ?

Le Génie : Toujours la vérité.

Toutou : À toutes les questions ?

Le Génie : À toutes les questions.

Toutou : C'est l'essentiel. Merci. *(le Génie disparaît)* Comme ça, je pourrai faire toutes mes enquêtes, sans même bouger d'ici. Ce miroir me sera bien utile... Voyons maintenant : y a-t-il quelqu'un dans la salle d'attente ?... Au premier de ces messieurs !

SCÈNE III
Le Génie, Le Musicien, Toutou, Le Loup

(Musique. Entre le Loup : demi-masque de loup aux oreilles dressées. Il tient à la main une côte d'agneau.)

Le Loup : Monsieur... Je suis bien dans le bureau de l'Inspecteur Toutou ?
Toutou : C'est moi-même. Entrez. Vous êtes Monsieur... ?
Le Loup : Le Loup.
Toutou *(écrivant)* : « le Loup »... Votre prénom ?
Le Loup : Pas de prénom.
Toutou : Le Loup, c'est tout ?
Le Loup : C'est tout. *(reniflant)* Mais dites-moi donc...
Toutou : Oui ?
Le Loup : Ça sent bien bon, chez vous...
Toutou : Peut-être.
Le Loup : Il y a des petits enfants, par ici, on dirait...
Toutou : Des petits enfants ? Non.
Le Loup : Vous en êtes sûr ?
Toutou : Absolument !
Le Loup : Pas même sous le bureau ? Ni dans les tiroirs ?
Toutou : Est-ce que j'ai une tête à mettre des petits enfants dans les tiroirs ?
Le Loup *(désignant le public)* : Et là ?
Toutou : Là ? Eh bien, c'est le mur !
Le Loup : Le mur ? Vraiment ? C'est tout ?

Toutou : Vous le voyez bien !

Le Loup *(il tâte l'air, face au public)* : Hum !... Oui, c'est vrai, c'est le mur... Ça sent bien bon, pourtant !

Toutou : Écoutez, cher monsieur : vous n'êtes pas venu ici, j'espère, pour me parler de l'odeur...

Le Loup : Non, bien sûr.

Toutou : Alors posez votre revolver, asseyez-vous et parlez !

Le Loup *(s'asseyant)* : Merci. Mais ce n'est pas un revolver, vous savez...

Toutou : Qu'est-ce que c'est donc ?

Le Loup : Une côtelette d'agneau.

Toutou : Vous l'avez achetée ?

Le Loup : Euh... non !

Toutou : Vous ne l'avez pas volée, j'espère ?

Le Loup : Oh non ! Je l'ai rencontrée sur le bord d'un ruisseau. Elle buvait à quelques pas de moi...

Toutou : Elle buvait, comme ça, toute seule ?

Le Loup : Non, pas toute seule, bien sûr... À ce moment-là, le reste de l'agneau était encore autour... Seulement, quand je l'ai vu boire, moi, ça m'a donné faim...

Toutou : Je vois, je vois... C'est bien humain ! Ou plutôt non, c'est bien canin[1]... Si c'est comme ça, gardez-la donc, votre côtelette...

Le Loup : Merci. *(il la grignote)*

Toutou : ... et dites-moi ce qui vous amène.

---

1. Propre à l'espèce à laquelle appartiennent les chiens.

LE LOUP : Eh bien voilà : je cherche une petite fille.
TOUTOU : Votre fille, peut-être ?
LE LOUP : Non, pas ma fille à moi... Une petite fille du village, tout près de la forêt où j'habite...
TOUTOU : Donc, vous la connaissez.
LE LOUP : Je l'ai vue deux ou trois fois... de loin...
TOUTOU : Alors vous ne la connaissez pas.
LE LOUP : Je la connais de vue. Je ne lui ai jamais parlé.
TOUTOU : Et pourquoi donc la cherchez-vous ?
LE LOUP : Je voudrais jouer avec elle, me promener avec elle, être gentil pour elle... Si vous saviez comme je l'aime, cette petite fille ! *(il ronge nerveusement sa côtelette d'agneau)*
TOUTOU : Là, là, ne vous énervez pas... Somme toute, vos intentions sont bonnes...
LE LOUP : Oh oui, monsieur l'Inspecteur !
TOUTOU : Dans ce cas, le plus simple, ce serait d'aller voir ses parents...
LE LOUP : Impossible, monsieur l'Inspecteur.
TOUTOU : Pourquoi donc ?
LE LOUP : Ses parents ne m'aiment pas, ils ont des préjugés[1]... Et les gens du village non plus. Je risquerais de me faire tuer... Ils sont un peu racistes, si vous voyez ce que je veux dire...
TOUTOU *(indigné)* : Comment ! Mais c'est inadmissible ! C'est une honte ! Il faut absolument faire quelque chose ! Pouvez-vous me donner le signalement de cette gosse ?

---

1. Idées négatives qu'on se fait par avance.

Le Loup : Oh certainement ! Tout le monde la connaît ! Elle porte sur la tête un petit chaperon[1] rouge.

Toutou : À la bonne heure ! Ça, au moins, c'est précis ! Miroir, petit miroir au mur...

Le Génie *(apparaissant)* : Oui, mon maître ?

Toutou : Peux-tu me dire où se trouve le Petit Chaperon rouge ?

Le Génie : Oui, je peux te le dire *(un temps)*

Toutou : Eh bien, qu'est-ce que tu attends ?

Le Génie : J'attends que tu me l'ordonnes.

Toutou : Eh bien, dis-le !

Le Génie : En ce moment même, le Petit Chaperon rouge traverse la forêt. Elle va porter à sa grand-mère une galette et un petit pot de beurre.

Le Loup *(bondissant de sa chaise)* : Ah ! Ça ne m'étonne pas d'elle ! Quelle bonne petite fille ! Comme je l'aime ! Merci ! *(il se précipite vers le public)*

Toutou : Eh bien, où allez-vous ? Pas par là, c'est le mur !

Le Loup : Zut ! c'est vrai, c'est le mur... Hmm ! ce que ça sent bon ! Excusez-moi ! Au revoir ! *(il sort en courant)*

Toutou *(ému, pendant que le Génie disparaît)* : Brave bête ! Et comme il l'aime, cette petite fille ! Allons, voilà qui ne commence pas mal ! *(il va à la porte)* – La personne suivante ! *(le téléphone sonne)*

---

[1]. Capuche recouvrant la tête et les épaules.

SCÈNE IV
Le Génie, Le Musicien, Toutou, La Reine

Toutou *(au téléphone, pendant que la Reine entre)* : Allô ?

Le Musicien *(il se pince le nez)* : Allô ! C'est l'Inspecteur Toutou ?

Toutou : Lui-même !

Le Musicien : Ici la Fée Rutabaga.

Toutou : Encore vous ? Eh bien, cette baguette ?

Le Musicien : Je ne l'ai toujours pas retrouvée. Je voulais vous dire...

Toutou : Mais qu'est-ce que vous voulez que j'y fasse ? Je vous l'ai déjà dit, achetez-en une autre !

Le Musicien : Mais non, justement ! C'est à vous...

Toutou : À moi ? Quoi ? À moi ? Je ne suis pas boulanger, moi, madame ! Mangez donc une bonne fois vos légumes et laissez-moi tranquille ! *(il raccroche)* Gling ! *(à la Reine)* – Madame, donnez-vous la peine ! Asseyez-vous, je vous prie... *(musique : la Reine s'assied)*

La Reine *(elle est coiffée d'une toque[1] rouge et tient une pomme à la main)* : C'est bien à l'Inspecteur Toutou que j'ai l'honneur de parler ?

Toutou *(intimidé)* : Oui, oui, c'est bien à moi que vous avez l'honneur... Et moi-même, à qui ai-je l'honneur ?...

La Reine : Je suis la Reine.

---

1. Petit chapeau rond et sans bords.

Toutou : La reine ? Oho !

La Reine : Pas de cérémonie, je vous en prie.

Toutou *(il s'assied à son bureau)* : Je suis confus, vraiment... Et qu'est-ce qui me vaut le plaisir ?...

La Reine : Je cherche une petite fille.

Toutou : Tiens ! Vous aussi ?

La Reine : Pourquoi donc, moi aussi ? Quelqu'un d'autre la cherche ?

Toutou : Une petite villageoise avec un chaperon rouge...

La Reine : Ah non ! Le chaperon rouge, chez nous, c'est moi seule qui le porte. Il me va bien, n'est-ce pas ?

Toutou : Très bien. Vraiment très bien.

La Reine : Il m'embellit, n'est-il pas vrai ?

Toutou : Beaucoup ! Enfin je veux dire... Vous n'aviez pas besoin de lui pour être belle...

La Reine *(un peu sèche)* : Merci !

Toutou : Donc, cette petite fille ?...

La Reine : C'est la jeune princesse.

Toutou : Votre fille, donc ?

La Reine : Non, ma belle-fille. Sa mère était la première femme du roi mon mari.

Toutou : Ah ! je vois ! La pauvre petite a donc perdu sa mère, et vous êtes sa marâtre[1]...

La Reine : Si vous voulez. Je n'aime pas beaucoup ce mot-là...

---

1. Belle-mère (épouse du père).

Toutou : Disons sa belle-mère. Et pourquoi donc la cherchez-vous ? Elle a fait une fugue ?

La Reine : Tout juste. Elle s'est enfuie de chez nous.

Toutou : Pouvez-vous me raconter tout cela en détail ?

La Reine : Certainement.

Toutou *(il se prépare à prendre des notes)* : Je vous écoute. Posez donc votre pomme, elle vous gêne !

La Reine : Non merci. Je préfère la garder.

Toutou : À votre aise. Comment s'appelle-t-elle, cette petite fille ?

La Reine : Blanche-Neige.

Toutou : C'est un bien joli nom !

La Reine *(sèchement)* : Euh... oui, assez joli.

Toutou : Donc, quand vous avez épousé le roi, il avait déjà près de lui cette enfant, dont la mère était morte. Ensuite ?

La Reine : Eh bien, pendant les premiers mois, nos relations étaient plutôt bonnes. Et puis voilà qu'au bout d'un an ou deux, la petite s'est mise à grandir, et tout en grandissant, elle est devenue jalouse !

Toutou : Jalouse de qui ?

La Reine : De moi, bien sûr !

Toutou *(navré)* : Oh ! Ça, ce n'est pas beau !

La Reine : Que voulez-vous, il faut la comprendre, cette enfant... Son père est très amoureux de moi, j'ai pris la place de sa mère, elle regrette le passé... De plus, comme vous venez de me le dire, je suis assez belle...

Toutou : Vous êtes très belle !

75 **LA REINE :** Merci. Et elle, mon Dieu, sans être vraiment laide, elle est, comment dirai-je ? ordinaire, commune... Elle ne peut pas se comparer à moi... D'où un certain dépit[1] de sa part, une aigreur[2]...

TOUTOU *(secouant la tête)* : Ah non, ce n'est pas beau, ça, ce
80 n'est vraiment pas beau !

LA REINE : Bref, la semaine dernière, comme je la trouvais un peu pâlotte, je l'ai envoyée dans la forêt, avec un de mes chasseurs, pour lui faire prendre l'air... et voilà qu'elle s'est enfuie !

TOUTOU : Et vous voulez la reprendre, bien sûr...

85 **LA REINE :** La reprendre... non, pas forcément ! Si je sais qu'elle est heureuse ailleurs, je la laisserai refaire sa vie comme elle l'entend... Je voudrais simplement la revoir une fois, pour lui faire comprendre que je ne suis pas son ennemie, et lui offrir cette pomme en signe de réconciliation... Je serais
90 vraiment fâchée que nous nous quittions comme ça, sur un malentendu...

TOUTOU : Voilà, madame la Reine, des sentiments qui vous honorent... Vous êtes aussi bonne que belle, et délicate...

LA REINE : Merci.

95 **TOUTOU :** Et cette pomme, par ailleurs, est fort appétissante...

LA REINE : N'y touchez pas, surtout !

TOUTOU : Bien sûr, elle est pour la petite... Eh bien, puisqu'il

---
1. Chagrin mêlé de colère, provoqué par une déception.
2. Irritation, qui peut se traduire par de l'agressivité, de la rancune.

en est ainsi, je vais tâcher de vous renseigner. Miroir, petit miroir au mur...

Le Génie *(apparaissant)* : Oui, mon maître.

La Reine *(se levant)* : Quoi ? Vous avez le Miroir magique ?

Toutou : Oui. Vous le connaissez ?

La Reine : Je l'avais chez moi la semaine dernière, et je l'ai vendu !

Toutou : Pourquoi ?

La Reine : Parce qu'il n'est plus bon à rien !

Toutou : Plus bon à rien, ce miroir ?

La Reine : À rien ! Vous ne savez pas ce qu'il a osé me dire ?

Toutou : Non. Quoi ?

La Reine : Il m'a dit que j'étais laide !

Toutou : Non, sans blague ?

La Reine : Ou, plus exactement, car il n'a pas osé... il m'a dit que je n'étais pas la plus belle du pays !

Toutou : Eh bien, ça, par exemple... ça me fait plaisir !

La Reine : Hein ? Pardon ?

Toutou : Figurez-vous qu'à moi, il m'a dit que j'étais bête !

La Reine : Il vous a dit ?... Non, pas possible ! *(elle éclate de rire)*

Toutou : Ça vous amuse ?

La Reine : Vous voyez bien, il dit n'importe quoi ! Enfin, puisqu'il est là, on peut l'interroger quand même... Il n'a pas de goût, mais il peut être encore bien renseigné...

Toutou : Espérons-le. Miroir, petit miroir au mur...

Le Génie : Oui, mon maître ?

Toutou : Peux-tu me dire où est Blanche-Neige ?

Le Génie : Oui, mon maître, je le peux.

Toutou : Eh bien, dis-le donc !

Le Génie : Elle est dans une petite maison, au plus profond de la forêt.

Toutou : Quelle maison, au juste ?

Le Génie : La maison des sept nains.

La Reine : Qu'est-ce qu'elle peut bien fabriquer là ?

Toutou : Qu'est-ce qu'elle y fait ?

Le Génie : Elle y fait la vaisselle, la lessive, le repassage, elle balaie le plancher, reprise les chaussettes, prépare les repas, fait les lits et le ménage.

La Reine : La pauvre enfant ! Mais c'est affreux ! Comme elle doit regretter !... Au revoir, monsieur l'Inspecteur, je vais la délivrer ! Merci ! *(elle sort avec sa pomme)*

Toutou *(seul)* : La brave femme ! J'en suis tout ému ! Comme elle est bonne, compréhensive et juste ! Et pas fière avec ça, toute reine qu'elle est ! Cordiale[1], simple, modeste... J'espère qu'elle va la retrouver, sa petite Blanche-Neige, et que l'enfant comprendra enfin où sont ses vrais amis... Mais ce n'est pas tout ça, j'ai encore du travail... *(à la porte)* – À qui le tour ?

---

1. Affectueuse, chaleureuse.

Inspecteur Toutou

SCÈNE V
Le Génie, Le Musicien, Toutou, Le Prince

(Musique. Entre le Prince Charmant. Il tient à la main une baguette magique de fée, surmontée d'une étoile d'or.)

Le Prince : Monsieur... Vous êtes bien l'inspecteur Toutou ?
Toutou : Mais oui, mais oui, entrez ! À qui ai-je l'honneur ?
Le Prince : Je suis le Prince Charmant.
Toutou : Très honoré... Asseyez-vous. Posez votre canne.
Le Prince *(il pose la baguette sur le bureau et s'assied)* : Merci. Mais ce n'est pas une canne, vous savez...
Toutou : Ce n'est pas une canne, ça ?
Le Prince : Non. C'est un bout de bois que j'ai ramassé dans la forêt.
Toutou : Pardonnez-moi, c'est une canne ! Et même une très belle canne, avec un pommeau d'or en forme d'étoile...
Le Prince : Tiens ! mais c'est pourtant vrai ! On dirait de l'or ! Et c'est en forme d'étoile... Bah ! ce n'est qu'un hasard !
Toutou : Avouez que, des bouts de bois comme ça, on n'en rencontre pas tous les jours...
Le Prince : Peut-être... Il vous plaît ?
Toutou : Ah ! oui !
Le Prince : Eh bien je vous le donne !
Toutou : Vous me le donnez ?
Le Prince : Mais oui ! Moi, je n'en ai pas besoin ! Je l'ai ramassé comme ça, machinalement, pour jouer avec...

Toutou : Voyons, prince, mais c'est trop ! Je ne peux pas accepter !

Le Prince : Et pourquoi pas, puisque je vous dis que je vous le donne ? Gardez-le et n'en parlons plus !

Toutou : Merci mille fois ! Je suis confus...

Le Prince : Pas de quoi. Prenez-le.

Toutou *(il prend la baguette et ne cessera de jouer avec[1])* : Merci encore... Pouvez-vous me dire maintenant quel est l'objet de votre visite ?

Le Prince : Ah oui !... Je cherche une jeune fille.

Toutou : Une jeune fille de votre famille ?

Le Prince : Non. Du moins pas encore.

Toutou : Pas encore ? Et pourquoi pas encore ?

Le Prince : Parce que j'espère l'épouser quand je l'aurai trouvée.

Toutou : Ah ! je comprends ! C'est votre fiancée !

Le Prince : Non. Pas encore.

Toutou : Mais enfin, tout de même, vous la connaissez ?

Le Prince : Pas encore.

Toutou : Vous l'avez vue, au moins, ne serait-ce qu'une fois ?

Le Prince : Pas encore.

Toutou : Pas encore non plus ?

Le Prince : Pas encore non plus !

Toutou : Mais, en ce cas... pourquoi la cherchez-vous ?

Le Prince : Parce qu'elle m'est promise.

Toutou : Promise par qui ?

---

1. N'arrêtera pas de la manipuler (de la faire passer d'une main à l'autre par exemple).

Inspecteur Toutou

Le Prince : Par les fées.

Toutou : Ah ! Si les fées s'en mêlent, alors tout est possible... Pouvez-vous me la décrire, cette jeune fille ?

Le Prince : Hélas non ! Je ne l'ai jamais vue !

Toutou : Zut ! c'est vrai ! Vous pouvez me dire son âge, au moins ? À quelques années près...

Le Prince : Entre cent dix et cent vingt ans...

Toutou : Plus de cent ans ! Mais c'est une vieille !

Le Prince : Une vieille ? Oui, après tout, peut-être... Je n'y avais jamais pensé.

Toutou : Et que fait-elle dans l'existence ?

Le Prince : Elle dort.

Toutou : Oui, mais dans la journée ?

Le Prince : Elle dort aussi.

Toutou : Mais quand elle ne dort pas ?

Le Prince : Elle dort toujours. C'est moi qui dois la réveiller, d'un baiser sur les lèvres. Après ça, je l'épouserai.

Toutou : Je n'y comprends rien, à votre histoire.

Le Prince : Moi non plus. Pas grand-chose... Mais que voulez-vous ? Ce sont les fées qui en ont décidé ainsi.

Toutou : Évidemment, si ce sont les fées... Vous n'avez rien de plus à me dire ?

Le Prince : Non, je crois que c'est tout.

Toutou : Dans ce cas, si vous le voulez bien, nous allons consulter le Miroir magique !

Le Prince : Faites.

Toutou : Miroir, petit miroir au mur...

LE GÉNIE *(apparaissant)* : Oui, mon maître ?

TOUTOU : Peux-tu me dire où se trouve une vieille de cent ans ou plus, qui est en train de dormir en attendant qu'on la réveille ?

LE GÉNIE : Oui, mon maître, je peux le dire.

TOUTOU : Alors, je t'écoute !

LE GÉNIE : Je vois une vieille qui dort, dans une petite maison, au cœur de la forêt...

LE PRINCE : Dans une petite maison ? Tiens ! comme c'est curieux ! Moi, je l'aurais vue dans un château...

TOUTOU : Chut ! n'interrompez pas ! Miroir, petit miroir au mur, es-tu sûr qu'il s'agit d'une petite maison ?

LE GÉNIE : Tout à fait sûr !

TOUTOU *(au Prince)* : Vous pouvez le croire, il n'est pas menteur... *(au miroir)* Et quel âge a-t-elle, cette vieille ?

LE GÉNIE : Elle aura cent deux ans le mois prochain.

LE PRINCE *(soulagé)* : Cent deux ans ! Seulement ? Chic alors ! Elle est plus jeune que je ne pensais !

TOUTOU : Et que doit faire le prince pour trouver cette vieille ?

LE GÉNIE : Qu'il s'en retourne dans la forêt.

TOUTOU : C'est tout ? Je ne peux pas l'aider ?

LE GÉNIE : Oh, si !

TOUTOU : Comment ?

LE GÉNIE : Souhaite qu'il la trouve très vite, et il la trouvera !

TOUTOU : Comment cela ? Je ne suis pas magicien !

LE GÉNIE : En ce moment, si, tu l'es ! *(il disparaît)*

Toutou : Je comprends de moins en moins. Mais puisque c'est comme ça... *(au Prince, toujours la baguette à la main)* Mon prince, je vous souhaite de trouver tout de suite la maison de cette vieille !

Le Prince : J'y cours ! Merci, monsieur Toutou ! *(il sort)*

SCÈNE VI
Le Génie, Le Musicien, Toutou

Toutou : Tout cela est bizarre, bien bizarre... Mais enfin, pourquoi pas ? *(à la porte)* – Au suivant ! *(un temps)* Eh bien quoi, au suivant ! Le client suivant ! *(coup d'œil en coulisse)* – Tiens ! Plus personne !... Eh bien bravo ! J'avais besoin de réfléchir, justement ! *(le téléphone sonne)* Zut ! *(il décroche)*

Le Musicien *(il se pince le nez)* : Allô ! L'Inspecteur Toutou ?

Toutou : Oui, c'est moi.

Le Musicien : Je peux vous demander un service ?

Toutou : Certainement. Je suis ici pour ça.

Le Musicien : Ce serait de ne pas raccrocher avant que j'aie fini de dire ce que j'ai à vous dire.

Toutou : Voyons, madame, pour qui me prenez-vous ? Est-ce que j'ai l'habitude de raccrocher au nez de mes correspondants ?

Le Musicien : À mon nez, malheureusement, oui ! Vous me laisserez parler, cette fois-ci ?

Toutou : Je vous le promets !

Le Musicien : À la bonne heure ! Je suis la Fée Rutabaga...

Toutou : Encore !

Le Musicien : Vous voyez, déjà, vous m'interrompez !

Toutou : Bon, eh bien, continuez...

Le Musicien : Je suis la Fée Rutabaga et je cherche ma baguette...

Inspecteur Toutou

Toutou : Mais je vous ai déjà dit...

Le Musicien : Allez-vous me laisser finir, oui ou crotte ?

Toutou : C'est bon, c'est bon, finissez...

Le Musicien : Ma baguette n'est pas une baguette de pain, comme vous vous obstinez à le croire : c'est une baguette magique, une baguette en bois, comme un petit bâton avec une étoile d'or au bout. Je l'ai perdue dans la forêt...

Toutou *(toujours la baguette à la main)* : Ah ! bon ! Je vois, je vois... Mais qu'est-ce que vous voulez que j'y fasse ?

Le Musicien : Je ne vous demande pas de la chercher vous-même, bien sûr, mais si on vous l'apporte, ou si vous en avez des nouvelles, gardez-la, prenez note et je vous rappellerai. Entendu ?

Toutou : Entendu.

Le Musicien : Eh bien, ça n'a pas été sans peine ! Merci beaucoup, Monsieur Toutou, à bientôt ! Gling !

Toutou *(il raccroche lentement)* : En voilà encore une histoire !... Mais, au fait, je pourrais demander... Miroir, petit miroir au mur !

Le Génie *(apparaissant)* : Oui, mon maître ?

Toutou : Où se trouve la baguette de la Fée Rutabaga ?

Le Génie : Tu la tiens à la main.

Toutou : Je la... Non, ce n'est pas possible ?

Le Génie : Eh ! si !

Toutou : Bon Dieu, c'est pourtant vrai ! Comme un petit bâton avec une étoile d'or au bout... C'est elle ?

Le Génie : Eh ! oui !

Toutou : Et pendant tout le temps que je répondais au téléphone... ?

Le Génie : Tu jouais avec elle ! Eh ! oui !

Toutou : Si la fée savait ça ?...

Le Génie : Elle gueulerait comme un âne !

Toutou : Eh bien je ne le lui dirai pas ! Quand elle rappellera, je lui dirai seulement que sa baguette est retrouvée, sans préciser depuis combien de temps... Mais au fait, j'y pense : Petit miroir au mur...

Le Génie : Mon maître ?

Toutou : Quand tu m'as dit, tout à l'heure, que j'étais magicien, c'était parce que j'avais cette baguette à la main ?

Le Génie : Tout juste !

Toutou : Alors, le Prince Charmant ? Il l'a trouvée, la vieille ?

Le Génie : Eh ! oui !

Toutou : Il est heureux, alors ?

Le Génie : Oh ! non !

Toutou : Pourquoi ? Puisque les fées la lui avaient promise ?

Le Génie : Ce n'était pas celle-là qui lui était promise !

Toutou : Je ne comprends pas. Explique.

Le Génie : Eh bien voilà, mon maître : le prince cherchait une fille de cent dix-huit ans...

Toutou : À quelques années près, oui. Et alors ?

Le Génie : Seulement, à moi, tu ne m'as pas demandé ça. Tu m'as demandé une vieille de plus de cent ans.

Toutou : Eh bien ? Ce n'est pas la même chose ?

Le Génie : Ah non ! La jeune fille de cent dix-huit ans, elle attendait le prince, et elle l'attend toujours, dans un palais de rêve... Mais le prince, pendant ce temps, il en a réveillé une autre... Une vieille de cent deux ans !

Toutou : Tu pourrais me la montrer ?

Le Génie : Tout de suite ! Voilà ! *(une tête de vieille, coiffée d'un bonnet, apparaît dans le miroir)*

Toutou *(horrifié)* **:** Non, c'est pas vrai ! Cette vieille horreur ? mais qui est-ce donc ?

Le Génie *(réapparaissant)* **:** C'est la mère-grand du Petit Chaperon rouge !

Toutou : Tu ne veux pas dire que le Prince Charmant vient d'épouser la grand-mère du Petit Chaperon rouge ?

Le Génie : Si, si ! Exactement !

Toutou : Mais alors, moi... je suis un imbécile ?

Le Génie : Oui.

Toutou : Que faire, maintenant ? Que faire ?

Le Génie : Il n'y a rien à faire. La Belle au bois dormant continuera de dormir et le prince, lui, restera marié avec sa vieille.

Toutou : C'est affreux, c'est épouvantable... Et c'est *moi* qui ai fait ça ! Miroir, petit miroir au mur...

Le Génie : Je t'écoute.

Toutou : Promets-moi de ne le dire à personne !

Le Génie : Impossible, mon maître ! Chaque fois qu'on m'interroge, il me faut dire la vérité !

Toutou : C'est bon. Je m'arrangerai pour qu'on ne t'interroge pas ! Mais ce n'est pas tout encore : Miroir, petit miroir au mur...

Le Génie : Oui ?

Toutou : J'espère au moins qu'avec le Loup et la Reine de Blanche-Neige, je ne me suis pas trompé ?

Le Génie : Cela dépend de ce que tu voulais faire... Si tu voulais que le Loup mange le Petit Chaperon rouge...

Toutou : Hein ? Qu'est-ce que tu dis ?

Le Génie : Et que la méchante Reine empoisonne Blanche-Neige...

Toutou : Mais non, voyons : le Loup m'a dit simplement...

Le Génie : Je sais. Mais il a menti.

Toutou : Et la Reine ?

Le Génie : La Reine, si elle cherche Blanche-Neige, c'est pour lui faire manger sa pomme, qui est empoisonnée.

Toutou : Tu ne pouvais pas me le dire ?

Le Génie : Tu ne me l'as pas demandé. Moi, je réponds, j'obéis, c'est tout ce que je sais faire.

Toutou : Bon Dieu, mais comment faire pour sauver ces deux petites filles ?

Le Génie : C'est encore possible. Sers-toi de la baguette magique.

Toutou : Tiens ! Ça, c'est une idée ! *(il lève la baguette)* Je souhaite que le Loup ne trouve jamais le Petit Chaperon rouge, et que la méchante Reine ne retrouve jamais Blanche-Neige ! Tu crois que ça suffit ?

Inspecteur Toutou

Le Génie : Ça suffit.

Toutou : Merci, petit miroir au mur. Peux-tu me rendre un service, maintenant ?

Le Génie : Je ne sais pas. Demande.

Toutou : Ce serait de me prévenir toutes les fois qu'un de mes clients dit un mensonge.

Le Génie : Te prévenir comment ?

Toutou : Je ne sais pas, moi... En faisant « ding ! ding ! » par exemple...

Le Génie : Comme ça : « ding ! ding ! » ?

Toutou : Exactement. Tu peux ?

Le Génie : Je peux. C'est entendu.

Toutou : Merci, petit miroir au mur ! *(le Génie disparaît)* – Voyons maintenant... *(à la porte)* Tiens ! Justement, j'ai une cliente ! – Entrez, madame ! Entrez !

SCÈNE VII
Le Génie, Le Musicien, Toutou, La Bûcheronne, puis Le Diable

(Musique. Entre la Bûcheronne. Elle s'arrête à la porte.)

La Bûcheronne *(timidement)* : Pardon excuse, monsieur... Je cherche l'Inspecteur Toutou...
Toutou : C'est moi. Entrez. Asseyez-vous.
La Bûcheronne : Merci, monsieur. *(elle s'assied)*
Toutou : Qu'est-ce que je peux faire pour vous ?
La Bûcheronne : Eh bien voilà, monsieur Toutou. C'est mon homme, le bûcheron, qui m'envoie... rapport à nos enfants.
Toutou *(écrivant)* : Comment s'appelle-t-il, votre homme ?
La Bûcheronne : Il s'appelle pas.
Toutou : Comment ? Il n'a pas de nom ?
La Bûcheronne : Non.
Toutou : Et vous ?
La Bûcheronne : Moi non plus.
Toutou : Enfin, comment vous appelle-t-on ?
La Bûcheronne : Ben, lui c'est le bûcheron, et puis moi, la bûcheronne...
Toutou : C'est tout ?
La Bûcheronne : Ben oui, c'est tout.
Toutou *(écrivant)* : Soit : « le bûcheron et la bûcheronne ». Alors, que voulez-vous ?

Inspecteur Toutou

LA BÛCHERONNE : Nous cherchons nos enfants.

TOUTOU : Vous les avez perdus ?

LA BÛCHERONNE : Oui, monsieur l'Inspecteur.

TOUTOU : Combien sont-ils ?

LA BÛCHERONNE : Sept.

TOUTOU : Quel âge ?

LA BÛCHERONNE : Ben, ça dépend... L'aîné va sur ses quatorze ans. Quant au plus jeune, il est encore petiot... pas plus grand que le pouce...

TOUTOU : Diable ! C'est vraiment petit !

LA BÛCHERONNE : Ben oui, c'est de naissance... C'est ce qui fait qu'on l'appelle le Petit Poucet.

TOUTOU *(finissant d'écrire)* : « Le Petit Poucet... » Voilà au moins qui est précis ! Et comment ont-ils disparu, ces enfants ? Ils ont fait une fugue ?

LA BÛCHERONNE : Quoi que c'est que ça, une fugue ?

TOUTOU : Je veux dire : ils se sont enfuis de la maison ?

LA BÛCHERONNE : Oui, monsieur l'Inspecteur.

LE GÉNIE *(apparaissant)* : Ding ! ding ! *(il disparaît)*

TOUTOU : Non, madame !

LA BÛCHERONNE : Pardon ?

TOUTOU : Je dis : non, madame !

LA BÛCHERONNE : Pourquoi donc vous dites ça ?

TOUTOU : Parce que vous mentez !

LA BÛCHERONNE *(se levant)* : Comment ! Vous me traitez de menteuse !

TOUTOU : Oui, madame.

LA BÛCHERONNE : Mais vous n'avez pas le droit ! Je dis la vérité !

LE GÉNIE *(apparaissant-disparaissant)* : Ding ! ding !

TOUTOU : Écoutez, chère madame : vous perdez votre temps, et vous me faites perdre le mien par-dessus le marché. Vos enfants ont peut-être disparu, ça, d'accord, mais pas de la manière que vous dites. Ils ne se sont pas enfuis. Alors rasseyez-vous et dites-moi une bonne fois ce qui est arrivé.

LA BÛCHERONNE *(se rasseyant)* : Bon, ben comme vous voudrez... La semaine dernière, mon mari et moi, nous les avons emmenés en forêt, tous les sept avec nous, pour faire du bois...

TOUTOU : Oui...

LA BÛCHERONNE : Et puis le soir, à la brune[1], en rentrant, ils se sont égarés...

LE GÉNIE *(même jeu)* : Ding ! ding !

TOUTOU : Non, madame.

LA BÛCHERONNE : Quoi, encore ?

TOUTOU : Non, madame, vous mentez, de nouveau.

LA BÛCHERONNE *(se levant d'un bond)* : Mais pas du tout, monsieur l'Inspecteur ! Je peux vous le jurer sur la Sainte Vierge, sur la tête de mon mari ! Les petiots nous ont suivis d'abord, et puis, je ne sais comment, ils ont tardé, traîné, ils sont partis à droite, à gauche, et ils nous ont perdus de vue...

LE GÉNIE *(pendant qu'elle parle)* : Ding ding ding ding ding ding ding... !

---

1. À la tombée de la nuit.

Inspecteur Toutou

TOUTOU *(se bouchant les oreilles)* : Assez !

LA BÛCHERONNE : Je vous jure ! C'est la vérité vraie !

LE GÉNIE : Ding ! ding !

TOUTOU : Écoutez, chère madame : ce n'est pas la peine d'insister. Si vous n'avez rien d'autre à me dire que des mensonges, inutile de rester ici, rentrez chez vous tout de suite !

LA BÛCHERONNE *(butée)* : C'est bon. Comme vous voudrez. *(Elle se rassoit. Un temps)* Nous les avons perdus.

TOUTOU : Vous voulez dire : perdus volontairement ?

LA BÛCHERONNE : Ben oui, quoi, exprès !... On les a emmenés loin, très loin dans la forêt, on leur a dit de faire des fagots[1]... et, pendant qu'ils étaient occupés, mon mari et moi, nous sommes partis...

TOUTOU : Pourquoi donc avez-vous fait ça ?

LA BÛCHERONNE : On n'avait plus de quoi les nourrir.

TOUTOU : Mais c'est affreux, madame, ce que vous me dites ! Je suis horrifié !

LA BÛCHERONNE : La faute à qui ? Vous vouliez savoir, non ? Eh bien, vous savez, maintenant !

TOUTOU : Vous le regrettez, au moins, j'espère ?

LA BÛCHERONNE : Oh, pour ça oui, nous le regrettons !

TOUTOU : Vous avez pitié d'eux ?

LA BÛCHERONNE : Oh oui, nous avons pitié !

LE GÉNIE : Ding ! ding !

TOUTOU : Non, madame. Une fois de plus...

---

1. Petites branches liées ensemble.

La Bûcheronne *(éberluée)* : Ben en voilà une autre !

Toutou : Vous recherchez vos enfants, vous les regrettez, ça oui, mais ce n'est pas pour cette raison. Et moi, je veux savoir pourquoi !

La Bûcheronne *(brutale)* : Ah ! vous voulez savoir ! Eh ben, nous avons besoin d'eux ! Pour le travail ! Voilà !

Toutou : Et comment les nourrirez-vous ?

La Bûcheronne : Pour ça, y'a plus de problème, on a reçu de l'argent. Et les gosses, maintenant, ils nous manquent, parce qu'il y a du boulot !

Toutou : En somme, vous voulez les exploiter...

La Bûcheronne *(haussant les épaules)* : Appelez ça comme vous voudrez !

Toutou : Et comment l'appeler autrement ? Vous les abandonnez quand ils vous gênent, et vous cherchez à les récupérer sitôt qu'ils peuvent vous rapporter !

La Bûcheronne : Enfin, voilà, je vous ai tout dit... Vous pouvez-t-y me les retrouver ?

Toutou *(se levant, la baguette à la main)* : Non, madame.

La Bûcheronne : Comment, non ?

Toutou : Non !

La Bûcheronne : Mais enfin, je suis leur mère ! Et leur père, et bien... c'est leur père !

Toutou : Non, madame, vous n'êtes plus leurs parents. Votre mari et vous, vous êtes un père et une mère indignes ! Je souhaite, vous entendez, je souhaite que vos enfants se débrouillent sans vous, et que vous ne les retrouviez jamais !

La Bûcheronne *(se levant, furieuse)* : Ah ! c'est comme ça ! Eh bien je m'en fous ! Vous entendez ? Je m'en fous !

Toutou : Tant mieux !

La Bûcheronne : Mon mari m'en fera d'autres !

Toutou : À la bonne heure !

La Bûcheronne : Et quant à vous, vous êtes un drôle de coco !

Toutou : Mais oui, mais oui !

La Bûcheronne : Vous devriez avoir honte !

Toutou : C'est ça !

La Bûcheronne : Enlever des enfants à leur mère !

Toutou : Qu'est-ce qu'il ne faut pas entendre ! *(il lui tourne le dos)*

La Bûcheronne : Ça ne vous portera pas bonheur ! Vous entendez ben ? Ça ne vous portera pas bonheur !

Toutou *(un geste de la baguette magique par-dessus son épaule)* : Que le diable vous emporte !

Le Diable *(surgissant)* : Voilà, voilà ! Tout de suite ! Merci ! *(il sort en entraînant la Bûcheronne)*

La Bûcheronne *(en sortant)* : Hélà, hélà ! Mais où c'est-y que je vas ?...

Toutou : Hein ? Pardon ? *(il se retourne)* Eh bien, où est-elle passée ? Ça, c'est un peu fort ! Miroir, petit miroir au mur...

Le Génie *(apparaissant)* : Oui, mon maître ?

Toutou : Où est passée la Bûcheronne ?

Le Génie : Elle vient d'être emportée par le Diable !

Toutou : Par le Diable ? Pourquoi ça ?

Le Génie : Parce que tu l'as souhaité, la baguette à la main.

Toutou : Mais non ! C'est une erreur ! Je n'ai pas voulu ça ! Miroir, petit miroir, j'ai encore fait une bêtise ?

Le Génie : On le dirait...

Toutou : Qu'est-ce que je peux faire pour la rattraper ?

Le Génie : Tu peux souhaiter que le Diable la rapporte ici...

Toutou : Ah non, alors ! Qu'il la garde, plutôt !

Le Génie : ... ou bien qu'il la remmène chez son mari...

Toutou : Ah ça, c'est une idée ! *(levant la baguette)* – Je souhaite que la Bûcheronne revienne chez son mari !

Voix du Diable *(en coulisse)* : Zut ! Crotte ! Flûte !

Toutou *(après un temps)* : Miroir, petit miroir au mur...

Le Génie : Oui, mon maître ?

Toutou : C'est fait ?

Le Génie : Oui, c'est fait. Le Diable l'a ramenée chez elle. Mais il a dit beaucoup de gros mots. Il n'était pas content !

Toutou : Ça m'est égal. Merci pour tes « ding ding » !

Le Génie : Pas de quoi, mon maître !

Toutou : Continue de sonner comme ça chaque fois que tu entends un mensonge. D'accord ?

Le Génie : D'accord. *(il disparaît)*

Toutou : Voyons, voyons... Y a-t-il encore du monde ?... *(à la porte)* – Entrez, monsieur, entrez !

SCÈNE VIII
LE GÉNIE, LE MUSICIEN, TOUTOU,
LE VOLEUR ET LA VOIX DU DIABLE

(Musique. Entre le Capitaine des voleurs, en costume oriental)

LE VOLEUR : Bonjour, monsieur, bonjour. C'est bien toi l'Inspecteur Toutou ?
TOUTOU : C'est moi, monsieur, entrez. Asseyez-vous, je vous prie.
LE VOLEUR : Je viens porter plainte. *(Il s'assied)*
TOUTOU *(à son bureau, écrivant)* : Oui. Contre qui ?
LE VOLEUR : Contre monsieur Ali Baba.
TOUTOU : Qu'est-ce qu'il a fait, ce monsieur Ali Baba ?
LE VOLEUR : Il m'a volé, d'abord !
TOUTOU : Ah, ça, ce n'est pas bien...
LE VOLEUR : Non, ce n'est pas bien du tout ! Et il a tué, aussi !
TOUTOU : Il vous a tué ?
LE VOLEUR : Non, pas moi. Des copains.
TOUTOU : Dois-je comprendre qu'il a tué des amis à vous ?
LE VOLEUR : Oui. Trente-sept.
TOUTOU *(sursautant)* : Trente-sept ? Mais c'est un monstre, un sadique, un criminel de guerre ! Comment donc a-t-il fait ?
LE VOLEUR : Oh, il n'a pas fait ça lui-même, il n'est pas assez malin... C'est sa bonne. Elle les a frits avec de l'huile bouillante !

Toutou : Mais c'est épouvantable ! Ces gens-là sont des dangers publics ! Voyons : dites-moi tout, depuis le commencement.

Le Voleur : Eh bien, voilà, monsieur Toutou. Mes copains et moi, on avait fait des économies...

Le Génie *(apparaissant)* : Ding ! ding !

Toutou : Ah ! non ! Je regrette...

Le Voleur : Qu'est-ce que tu regrettes ?

Toutou : Ce n'étaient pas des économies.

Le Voleur : Comment que tu le sais ?

Toutou : Ben, je le sais...

Le Voleur : Bon, comme tu veux... On avait mis de l'argent de côté, en faisant du commerce...

Le Génie *(apparaissant)* : Ding ! ding !

Toutou : Désolé ! Ce n'était pas du commerce.

Le Voleur : Ah ! si, monsieur, je te le jure ! Que le Dieu il me coupe la tête si je mens !

Le Génie : Ding ! ding !

Toutou : Heureusement pour vous que Dieu ne vous écoute pas... Vous ne seriez pas voleur, par hasard ?

Le Voleur : Ah ! non, monsieur l'Inspecteur, tu n'as pas le droit de dire ça ! C'est du racisme !

Toutou : C'est bien, continuez. Ensuite ?

Le Voleur : Ensuite, Ali Baba, ce sale type... Il nous a volés !

Toutou : Il a eu tort, c'est sûr, mais enfin... Il n'a fait que vous reprendre ce que vous aviez... emprunté à d'autres !

Le Voleur : Peut-être, mais il n'avait pas le droit !

Toutou : Il n'avait pas le droit, c'est un fait. Ensuite ?

Inspecteur Toutou

Le Voleur : Alors, moi, j'ai fait mon enquête, je me suis renseigné... Je te passe des tas d'histoires qui ne t'intéressent pas...

Le Génie *(apparaissant)* : Ding, ding !

Toutou : J'ai l'impression que si, elles m'intéresseraient...

Le Voleur : Qu'est-ce que tu dis ?

Toutou : Rien. Continue.

Le Voleur : Et quand j'ai su que c'était lui qui avait fait le coup, je suis allé chez lui, avec tous mes copains, pour lui demander des explications...

Le Génie *(même jeu)* : Ding, ding !

Toutou : Non, je m'excuse encore... Ce n'était pas pour lui demander des explications...

Le Voleur : Bon, si tu veux... C'était pour lui demander, gentiment, de nous rendre l'argent...

Le Génie *(même jeu)* : Ding, ding !

Toutou : Ce n'était pas pour ça non plus...

Le Voleur : Oh, et puis tu m'embêtes ! Oui, c'était pour le tuer !

Toutou : Mais vous n'aviez pas le droit de le tuer !

Le Voleur : Ah si ! Il nous avait volés !

Toutou : Mais les gens que vous aviez volés, vous, ils avaient le droit de vous tuer, eux aussi ?

Le Voleur : Ah non ! Ils n'avaient pas le droit !

Toutou : Je ne comprends pas...

Le Voleur : Écoute, c'est pourtant simple. Moi, je suis voleur, c'est vrai. Alors, si je vole, moi, c'est normal. Mais si un autre me vole, alors moi, je le tue !

Toutou : En somme, si je comprends bien, seuls les voleurs ont le droit de voler... Les honnêtes gens, eux, n'en ont pas le droit !

Le Voleur : Évidemment, puisque ce sont des honnêtes gens !

Toutou : Logique. Rien à dire. Ensuite ?

Le Voleur : Ensuite, la servante, cette chienne, elle a compris, je ne sais pas comment, que nous venions pour tuer son maître, et elle a tué tous mes amis !

Toutou : Mais, dans ce cas... elle avait raison !

Le Voleur : Ah non ! Elle avait tort !

Toutou : Pourquoi ? Puisque vous vouliez tuer son maître ?

Le Voleur : Mais on ne l'avait pas encore tué !

Toutou : Ah ! je comprends ! Elle aurait dû le laisser tuer d'abord, et après seulement, le venger !

Le Voleur : Ah non, pas le venger ! Porter plainte !

Toutou : Et vous, pendant ce temps-là, vous seriez partis !

Le Voleur : Voilà !

Toutou : Bon. Eh bien, cher monsieur, je ne peux rien pour vous.

Le Voleur : Comment, tu ne peux rien pour moi ? Mais tu es de la police ! Alors, tu dois m'aider !

Toutou : Non.

Le Voleur : C'est ton devoir !

Toutou : Oh ! non !

Le Voleur : C'est ton métier !

Toutou : Eh ! non !

Le Voleur : Alors, comme ça, tu protèges les criminels !

Toutou : À mon avis, le criminel, c'est d'abord vous !

Le Voleur : Eh bien, nous allons voir ! Pour commencer, Ali Baba, je vais le tuer de ma propre main !

Toutou : Non.

Le Voleur : Je ne le tuerai pas ?

Toutou : Non.

Le Voleur : Tu vas m'en empêcher, peut-être ?

Toutou : Oui !

Le Voleur : Et comment ?

Toutou : Comme ceci : *(il lève la baguette)* – Je souhaite que ce voleur ne trouve jamais Ali Baba ! – Et maintenant, va au diable !

Voix du Diable *(en coulisse)* : Merci !

Toutou *(se reprenant)* : Ou plutôt non, ne va pas au diable...

Voix du Diable : Zut !

Toutou : Ne trouve jamais Ali Baba et va te faire voir ailleurs. Allez, fous-moi le camp !

Le Voleur *(s'en allant, furieux)* : Ça va, ça va, je m'en vais... Mais tu auras de mes nouvelles ! *(il sort)*

SCÈNE IX
Le Génie, Le Musicien, Toutou

Toutou : Eh bien, à la bonne heure ! Au moins, cette fois-ci, je m'en suis bien tiré. Miroir, petit miroir au mur...

Le Génie *(apparaissant)* : Mon maître ?

Toutou : D'abord je te remercie, car tu m'as bien aidé. Continue de faire « ding ding » chaque fois que tu entendras un mensonge. Tu n'imagines pas comme ça peut m'être utile. Tu me le promets ?

Le Génie : Promis.

Toutou : Maintenant, dis-moi un peu : je suis toujours un beau toutou ?

Le Génie : Oui, mon maître.

Toutou : Je suis toujours un bon toutou ?

Le Génie : Oui, mon maître.

Toutou : Mais je ne suis plus un toutou bête ?

Le Génie : Si, mon maître.

Toutou : Pas possible ! Tu es sûr ?

Le Génie : Oui, mon maître.

Toutou : Moi qui me croyais devenu intelligent... Miroir, petit miroir au mur...

Le Génie : Oui, mon maître ?

Toutou : Le Loup n'a pas trouvé le Petit Chaperon rouge ?

Le Génie : Non.

Toutou : La méchante Reine n'a pas trouvé Blanche-Neige ?

Le Génie : Non.

Toutou : La Bûcheronne n'a pas retrouvé ses enfants ?
Le Génie : Non plus.
Toutou : Et le Voleur ne retrouvera pas Ali Baba ?
Le Génie : Pas davantage.
Toutou : Dans ce cas, je n'ai pas fait de bêtises ?
Le Génie : Tu n'as fait que des bêtises, au contraire !
Toutou : Mais non, ce n'est pas juste ! Comment peux-tu dire ça ? Miroir, petit miroir au... *(le téléphone sonne)* – Zut ! *(il décroche)* – Allô ?
Le Musicien *(se bouchant le nez)* : Allô ? C'est l'Inspecteur Toutou ?
Toutou : Lui-même.
Le Musicien : Ici la Fée Rutabaga.
Toutou : C'est vous ? Quelle chance ! Votre baguette est retrouvée !
Le Musicien : Ah ! Enfin ! Où est-elle ?
Toutou : Ici même. Je la tiens à la main.
Le Musicien : Vous la tenez à la main ?
Toutou : Mais oui !
Le Musicien : En ce cas, pouvez-vous me rendre un petit service ?
Toutou : Certainement. Lequel ?
Le Musicien : Ordonnez-moi de venir chez vous.
Toutou : Moi, que je vous ordonne ?...
Le Musicien : De venir chez vous, dans votre bureau.
Toutou : Mais je n'oserai jamais !
Le Musicien : Osez ! Osez !

Toutou : Voyons, madame la fée, je n'ai pas d'ordres à vous donner. Ce serait plutôt à moi de vous obéir...

Le Musicien : Mon Dieu, que vous êtes bête ! Eh bien, obéissez ! Je vous ordonne de m'ordonner de venir ! C'est clair ?

Toutou : C'est bon, c'est bon, puisque vous me l'ordonnez... Madame la Fée Rutabaga, je vous ordonne de venir ici tout de suite !

SCÈNE X

Le Miroir (Le Génie), Le Musicien, Toutou, La Fée Rutabaga

(Musique. La Fée apparaît.)

La Fée : Ah ! tout de même ! Merci ! Vous comprenez, maintenant, j'espère ?

Toutou : Ah ! oui !

La Fée : C'était un peu plus facile que de prendre l'autobus, non ?

Toutou : Bien sûr !

La Fée : Bon. Maintenant, rendez-moi ma baguette, s'il vous plaît.

Toutou *(il la lui donne)* : Voici.

La Fée : Je ne suis pas tranquille quand je la sais dans d'autres mains que les miennes... *(elle examine la baguette)* Ça va. Elle est en bon état. Ni tordue, ni fendue, ni cassée... Vous ne vous en êtes pas servi ?

Toutou : Non, non !

Le Génie *(apparaissant)* : Ding, ding !

La Fée : Tiens ! On sonne !

Toutou : Mais non ! mais non !

Le Génie *(apparaissant)* : Ding ! ding !

La Fée : Encore ! Ce n'est pas la porte d'entrée, au moins ?

Toutou : Non ! non !

La Fée : Ni le téléphone ?

Toutou : Non plus !

La Fée : Dans ce cas, c'est sans importance. Voyons, qu'est-ce que je disais ?... Ah oui ! Ma baguette ! Au moins, vous n'avez pas fait de bêtises avec, j'espère ?

Toutou : Moi ? Oh, non !

Le Génie *(apparaissant)* : Ding ! ding !

La Fée : Vous entendez ? On sonne de nouveau...

Toutou : Non, je n'entends rien...

Le Génie *(apparaissant)* : Ding ! ding !

La Fée : Mais enfin je ne rêve pas ! Ça vient de par ici... Tiens ! Vous avez le Miroir magique ?

Toutou : Euh... oui ! Comment le savez-vous ?

La Fée : C'est que je suis fée, mon cher... Les objets magiques, c'est mon métier... Miroir, petit miroir au mur...

Le Génie *(apparaissant)* : Oui, maîtresse ?

La Fée : Pourquoi est-ce que tu sonnes comme ça ?

Le Génie : Pour obéir à l'Inspecteur Toutou. Je dois faire « ding ding » chaque fois que j'entends un mensonge.

Toutou : Mais non ! Ce n'est pas vrai !

Le Génie : Ding ! ding !

La Fée : Tiens, tiens... Comme c'est curieux ! Et qui donc a menti, tout à l'heure ?

Le Génie : C'est l'Inspecteur Toutou.

La Fée : Et de quelle manière ?

Le Génie : D'abord, en te disant qu'il ne s'est pas servi de la baguette.

La Fée : Aha ! Ensuite ?

Inspecteur Toutou

LE GÉNIE : Ensuite, en te disant qu'il n'a pas fait de bêtises.

LA FÉE : Oho ! Il en a fait beaucoup, de bêtises ?

LE GÉNIE : Il ne fait que ça depuis qu'il est ici !

TOUTOU : Miroir, petit miroir au mur, je t'ordonne de te taire !

LA FÉE *(la baguette en avant)* : Inspecteur Toutou, vous n'avez plus la parole !

TOUTOU *(aboyant)* : Ouah ! ouah !

LA FÉE *(même jeu)* : Silence ! *(Toutou se tait)* – Miroir, petit miroir au mur, raconte-moi les bêtises de l'Inspecteur Toutou !

LE GÉNIE : Seulement celles qu'il a faites avec la baguette, ou celles sans la baguette aussi ?

LA FÉE : Toutes ! Raconte-les toutes !

LE GÉNIE : Eh bien, d'abord, il a marié le Prince Charmant avec la Mère-grand du Petit Chaperon rouge.

LA FÉE : Quelle horreur ! Et après ?

LE GÉNIE : Il empêche le Loup de trouver le Petit Chaperon rouge.

LA FÉE : C'est une faute, en effet. Le Loup doit la manger. Après ?

LE GÉNIE : Il empêche la Reine d'empoisonner Blanche-Neige.

LA FÉE : Vous avez fait ça, monsieur Toutou ? Mais c'est une grande erreur ! De quoi vous mêlez-vous ?

TOUTOU *(aboyant)* : Ouah ! ouah !

LA FÉE : Il faut absolument que Blanche-Neige soit empoisonnée, pour qu'un prince la réveille ensuite et qu'elle devienne reine ! Sans cela, elle va rester chez les nains toute sa vie, à laver le linge sale et à faire la vaisselle ! *(au miroir)* – Peux-tu me montrer le Loup, petit miroir au mur ?

Le Génie : Voilà, voilà ! *(la tête du Loup apparaît dans le miroir, coiffé de la toque rouge que portait la Reine)*

La Fée : Mais... Mais qu'est-ce que tu me racontes, petit miroir au mur ? Il a mangé le Petit Chaperon rouge, puisqu'il a le béret rouge sur la tête !

Le Génie : Non, maîtresse, tu te trompes. Ce béret, c'est celui de la Reine de Blanche-Neige !

La Fée : Tu veux dire que le Loup a mangé la Reine ?

Le Génie : Oui.

La Fée : Et la pomme, alors ? La pomme empoisonnée ?

Le Génie : Elle est tombée par terre. Le Loup n'aime pas les pommes.

La Fée : Alors, elle y est toujours ?

Le Génie : Ah non ! Elle a été mangée par d'autres...

La Fée : Malédiction ! Par qui ?

Le Génie : Eh bien, d'abord un petit peu par la Bûcheronne, qui en est morte...

La Fée : Malheur !

Le Génie : Ensuite, encore un peu par les sept nains, qui en sont morts...

La Fée : Catastrophe !

Le Génie : Ensuite, presque tout le reste par le Petit Poucet et ses six frères, qui en sont morts...

La Fée : Crotte de bique !

Inspecteur Toutou

Le Génie : Et le trognon, pour finir, par les oiseaux des bois, qui en sont tous morts !

La Fée : Mais c'est un vrai massacre ! Vous entendez ça, Inspecteur Toutou ?

Toutou *(aboyant)* : Ouah ! ouah !

La Fée : Cessez de faire la bête ! Parlez !

Toutou : Mais ce n'est pas ma faute ! Moi, j'ai cru bien faire ! Et puis je n'ai pas fait que ça ! J'ai fait des choses très bien ! Demandez au miroir !

La Fée *(au miroir)* : Il a fait autre chose encore ?

Le Génie : Oui, maîtresse.

La Fée : Des bêtises, je parie ?

Le Génie : Oui, maîtresse.

Toutou : Mais non ! mais non !

Le Génie : Ding ! ding !

La Fée : Monsieur Toutou, vous n'avez plus la parole !

Toutou *(aboyant)* : Ouah ! ouah !

La Fée : Silence ! *(au miroir)* – Quelles bêtises, encore ?

Le Génie : Il a empêché la Bûcheronne de retrouver ses enfants, de sorte que le bûcheron est aujourd'hui dans la misère.

La Fée : Et puis ?

Le Génie : Il a empêché le Capitaine des voleurs de retrouver Ali Baba.

La Fée : Mais c'est de la folie ! Le Capitaine doit absolument retrouver Ali Baba ! C'est comme ça, et pas autrement, qu'il se fera tuer par la servante ! Où est-il, en ce moment, le Capitaine des voleurs ?

Le Génie : Dans le château de la Belle au bois dormant.
La Fée : Hein ? Il l'a réveillée ?
Le Génie : Oui.
La Fée : Il l'a épousée ?
Le Génie : Oui.
La Fée : C'est tout ?
Le Génie : Oh, non ! Car il a également épousé Blanche-Neige...
La Fée : Non !
Le Génie : ... Cendrillon...
La Fée : Pas possible !
Le Génie : ... Boucle d'or...
La Fée : C'est pas vrai !
Le Génie : ... et, finalement, le Petit Chaperon rouge !
La Fée : Tout ça ? Mais il est fou ! Il n'a pas le droit, d'abord !
Le Génie : Si, si. Sa religion le lui permet.
La Fée : C'est fini, cette fois-ci, j'espère ?
Le Génie : Pour l'instant, c'est fini.
La Fée : Alors, monsieur Toutou ? Vous voyez ce que vous avez fait ?
Toutou : Ouah ! ouah !
La Fée : Vous avez fait un tel gâchis que je me demande moi-même comment le réparer !
Toutou : Ouah ! ouah !
La Fée : Silence ! – Miroir, petit miroir au mur...
Le Génie : Oui, maîtresse.

Inspecteur Toutou

LA FÉE : Que faut-il faire, à ton avis, pour réparer toutes les sottises de monsieur Toutou ?

LE GÉNIE : À mon avis, maîtresse, il faut tout annuler en bloc. Tout ce qu'il a fait depuis le début de la journée. Sers-toi de ta baguette magique !

LA FÉE : C'est ce que je vais faire. Merci. – Vous êtes d'accord, monsieur Toutou ?

TOUTOU : Ouah ! ouah !

LA FÉE : Nous sommes donc d'accord. Attention ! Du silence ! Du silence ! Je commence ! *(elle se met à chanter, sur le ton d'une comptine)*

> Baguette, ma baguette,
> Écoute bien ces mots :
> Je veux que tu remettes
> Les choses comme il faut !
>
> Fais que toutes ces bêtises
> N'aient jamais été commises !
> Fais que l'Inspecteur Toutou
> N'inspecte plus rien du tout !

TOUTOU *(protestant)* **:** Ouah ! ouah !

LA FÉE : Du silence, j'ai dit, du silence ! *(elle reprend sa chanson)*

> Fais que nous soyons ici
> Sur une scène de comédie,

180 Que ce mur soit le public,
Que ce public soit très chic[1],
Qu'il s'amuse beaucoup beaucoup,
Qu'il rigole comme un petit fou,
Qu'il applaudisse à la fin
185 Et s'en aille content tout plein !
Merci, chers petits enfants,
Rentrez bien chez vos parents !

(Salut final)

---

1. Agréable pour les acteurs parce qu'il manifeste son contentement.

Jean-Claude Grumberg
Mange ta main

> À la mémoire de Suzanne, veuve G., née H.,
> qui répliquait à mes
> « Maman j'ai faim »
> « Mange ta main et garde l'autre pour demain ! »

Personnages

Suzanne Zonzon
Marie-Léonie Logre, épouse Poucet
Poucet
Barbe
Un prince charmant
Son épouse

Mange ta main

Face à Suzanne Zonzon, Marie-Léonie et Poucet. Tous trois sont debout, chacun, chacune près d'un siège.
Marie-Léonie est beaucoup plus grande que son époux.
Silence gêné.
Suzanne Zonzon enfin les invite à s'asseoir puis s'assied à son tour, tous les trois sont maintenant assis, le silence se prolonge.

ZONZON *(enfin)* : Bien...
MARIE-LÉONIE *(prenant sur elle)* : Ça va plus.
Nouveau silence.
ZONZON : Qu'est-ce qui ne va plus ?
MARIE-LÉONIE : Nous.
ZONZON *(après un temps)* : Et au début ?
MARIE-LÉONIE : Pardon ?
ZONZON : Au début, entre vous, ça allait ?
MARIE-LÉONIE : Plutôt, oui.
POUCET : Fallait bien.
ZONZON : Pourquoi fallait-il ?
POUCET : Pour tenir le coup.
MARIE-LÉONIE : Pour résister.
ZONZON : Résister à quoi ?
MARIE-LÉONIE : Aux ricanements.
POUCET : Aux regards en coin.
ZONZON : On se moquait de vous ?
POUCET : Si on se moquait de nous !
MARIE-LÉONIE : Plutôt deux fois qu'une !

Zonzon : Qui ?
Poucet : Quoi qui ?
Zonzon : Qui se moquait de vous ?
Poucet : Tout le monde.
Marie-Léonie : Les passants.
Poucet : Les enfants.
Zonzon : Dans la rue ?
Marie-Léonie : Dans la rue aussi oui.
Poucet : Chez les commerçants, partout.
Zonzon : Mais pourquoi ?
Poucet *en se levant et se rapprochant de Marie-Léonie toujours assise* :
Vous voyez pas ?
Zonzon : La différence de taille ?
Poucet : Quelle différence de taille ? SON COU !
Zonzon : Pardon ?
Poucet *désignant le cou de Marie-Léonie d'un doigt vibrant* :
Son cou tordu !
Marie-Léonie : Pourquoi il est tordu ça il le dit pas.
Poucet *(très fort)* : Me coupe pas quand je cause ! Son cou, là, de travers, vous voyez pas ? Sa cicatrice là !
Marie-Léonie : La faute à qui la cicatrice ?
Poucet : La faute à ta mère tiens !
Marie-Léonie : Laisse ma mère tranquille !
Poucet : Elle t'a mal recousue.
Marie-Léonie : Elle a fait ce qu'elle a pu.
Poucet : Elle a pu peu.

Mange ta main

Marie-Léonie *(après un temps)* : C'est ton père qui pue pas ma mère.

Poucet se dresse et se jette sur Marie-Léonie. La raccommodeuse s'interpose.

Zonzon : Allons, allons...

Poucet : Elle insulte mon père !

Zonzon : Elle s'excuse.

Marie-Léonie : Pas du tout.

Zonzon *(à Poucet)* : Asseyez-vous, reprenons voulez-vous calmement.

Poucet *(prenant sur lui[1])* : Moi je lui disais : mets au moins un foulard...

Zonzon : À qui disiez-vous cela ?

Poucet : Mais à celle-là, à celle-là ! À qui d'autre ? De qui on cause ici !

Zonzon : Je pensais que vous vouliez parler de madame la maman de madame...

Poucet : On parle pas de madame la maman de... on parle de celle-là qui m'a traîné jusqu'ici ! Faut suivre un peu sinon...

Marie-Léonie : Moi je t'ai traîné ?

Poucet : Pour recoller les morceaux. J'm'en fous bien moi, j'veux rien recoller, j'veux juste plus entendre parler de cette cicatrice.

Marie-Léonie : Là c'est lui qu'a commencé non ?

Poucet : Tous les jours, tous les jours, et que je te regratte,

---

1. Faisant un effort pour ne pas s'énerver.

et je te la regratte, à croire qu'il n'y a pas d'autre sujet de conversation.

80 **Marie-Léonie :** Là c'est toi qu'en causes.

Poucet *(imitant Marie-Léonie)* : Oh elle me gratouille, oh elle me chatouille, oh elle me démangeouille, elle est rouge c'est signe d'orage, elle est bleue c'est signe de pluie...

Marie-Léonie : Oui oui oui, et quand elle blanchit il neige, 85 parfaitement, c'est prouvé, scientifiquement prouvé.

Poucet : Y'en a marre, marre, scientifiquement marre t'entends ? Quand on sort je veux que tu te foutes un foulard autour du cou point barre[1], ou un col cheminée[2], que tu défasses tes saletés de nattes et que tu caches ton cou sous ta perruque.

90 **Marie-Léonie :** Pourquoi je devrais le cacher ? J'ai pas honte moi.

Poucet : Pourquoi, pourquoi ! Figure-toi qu'il y a des gens qui n'aiment pas voir les cicatrices des autres, ça les dégoûte les cicatrices des autres, ça les révulse[3].

95 **Marie-Léonie :** Ils n'ont qu'à ne pas regarder mon cou.

Poucet : Ils s'en foutent de ton cou, ta cicatrice attire l'œil, vu ?
Silence bref.

Marie-Léonie : C'est toi qu'elle gêne, pas les gens.

Poucet : Je m'en fous des gens, j'en ai marre ! Marre figure-100 toi ! De la voir et surtout d'en entendre causer ! Ma ci ci ci, ma ci ca ca, ma ci ca trice ! Jusque-là !

Il désigne son propre cou.

---

1. Point final. Expression familière qui insiste sur le fait qu'il n'y a rien à ajouter.
2. Vêtement à col montant (col roulé).
3. Leur répugne.

Silence.

ZONZON : Pourrait-on essayer d'avancer pour y voir un peu plus clair ?

POUCET : Pour moi tout est très clair.

MARIE-LÉONIE : Pour moi aussi.

ZONZON : Pas pour moi.

POUCET : Si elle veut partir elle part ça tombe bien moi aussi je veux qu'elle dégage. Elle prend son barda[1] ses filles sous le bras et bon vent.

MARIE-LÉONIE : Ça va pas se passer comme ça si tu permets, c'est toi qui vas prendre tes cliques et tes claques[2] et qui vas dégager fissa[3].

ZONZON : Pardon, pardon, vous avez des enfants ?

POUCET : Sept.

ZONZON *(indignée)* : Sept enfants !

MARIE-LÉONIE : Sept, oui sept.

ZONZON : Et que ferez-vous avec vos sept enfants ?

POUCET : On va se les partager.

MARIE-LÉONIE : Moitié moitié.

ZONZON : Moitié moitié ! ! !

POUCET : Trois pour elle trois pour moi.

ZONZON : Ça fait six.

POUCET : Pardon ?

ZONZON : Trois plus trois ça fait six.

POUCET : Écoutez mademoiselle machin chose...

---

1. Ses affaires (terme familier).
2. Prendre tout ce que tu possèdes et t'en aller (expression familière).
3. T'en aller au plus vite (terme familier).

Zonzon : Suzanne Zonzon.

Poucet : Petit patapon ou ce que vous voulez, vous êtes sans doute très forte pour raccommoder les couples déchirés – quoique ça reste à prouver – mais moi je suis quand même mieux placé que vous pour savoir combien j'ai d'enfants.

Zonzon *(très ferme)* : Trois plus trois ça fait six pas sept.

Poucet *(tentant de se dominer)* : Merci, sans être très bon en calcul mental je sais que trois plus trois font six, et pas sept, seulement je sais aussi que j'ai sept enfants et pas six.

Marie-Léonie *(finissant de murmurer les noms de ses sept enfants tout en les recomptant sur ses doigts)* : C'est bien ça, sept.

Poucet : Trois garçons...

Marie-Léonie : Trois filles.

Zonzon : Et le septième alors ?

Poucet : Le septième ? C'est un bébé.

Zonzon : Vous allez le couper en deux ?

Marie-Léonie : On fera garde alternée.

Poucet : Huit jours moi, huit jours elle.

Marie-Léonie : Non non non non, moi je préfère un jour chacun.

Poucet : C'est pas à toi de décider !

Marie-Léonie : Ni à toi je te ferai dire !

Zonzon : Stop stop stop ! Ça ne va pas du tout, ça ne va pas du tout ça ! Vous ne pouvez pas séparer comme ça une fratrie[1], détruire une famille !

---

1. Les frères et sœurs.

Mange ta main

Marie-Léonie : Ben c'est la nôtre dites donc, on en fait ce qu'on veut hein !

Poucet : On est en république !

Qu'est-ce qu'elle nous chante celle-là ?

Zonzon : Vous avez mis au monde sept enfants, soyez responsables, dépassez vos différends[1] actuels, donnez à chacun de vos sept enfants un maximum de chances pour affronter...

Poucet : Taratata, comment vous croyez que j'ai été élevé moi ? Dans la soie et le velours ?

Zonzon : Il ne s'agit ni de soie ni de velours mais d'l'avenir de vos sept...

Marie-Léonie *(directement à Poucet coupant Zonzon)* : Tu crois que ça a été plus facile pour moi peut-être ?

Zonzon *(s'asseyant précipitamment et sortant de quoi noter)* : C'est ça, très bien, très bien, parlez-moi de vos enfances respectives...

Poucet : Non non non non non non, pas question, moi je parle de rien du tout, je me suis fait tout seul moi, je suis parti de moins que rien si vous voulez tout savoir seulement moi j'ai pas l'habitude de ressasser le passé[2], nianianianiania, je suis dans le présent moi, hier c'était hier, demain...

Marie-Léonie *(le coupant)* : Tu dis cela parce que tu as eu une enfance heureuse.

Poucet *(bondit soudain ivre de colère)* : Moi une enfance heureuse !

---

1. Arrêtez de vous disputer.
2. Repenser en permanence au passé.

Il se précipite sur Marie-Léonie main levée. Elle a peur et part se réfugier derrière Zonzon et peut-être même sous sa table. Poucet la poursuit main levée.

ZONZON *(s'interposant)* : On ne lève pas la main ! On ne frappe pas une femme même avec une rose !

POUCET *(toujours se débattant pour tenter de frapper Marie-Léonie)* : Rose ou pas quand on me cherche on me trouve !

MARIE-LÉONIE : Y a que la vérité qui blesse.

POUCET : Elle va s'en prendre une !

ZONZON *(s'interposant toujours, balai en main maintenant)* : Je n'ai rien entendu tomber de la bouche de madame votre épouse qui justifie un tel comportement.

POUCET *(s'immobilise et hurle)* : UNE ENFANCE HEUREUSE !!!

MARIE-LÉONIE : Parfaitement.

POUCET : Moi ?

LÉONIE : Oui toi, tu n'as pas de cicatrice au cou toi, tu as encore tes frères, ton père, ta mère.

POUCET : Et voilà, et voilà, le passé, toujours le passé ! Sa cicatrice, ses petites sœurs, son petit papa, sa petite maman, et que je te ressasse, que je te le ressassasse, et que je te le pommade[1] à longueur de nuit et de jour ! Nous on avait rien à manger, rien de chez moins que rien. Sept enfants, sept garçons madame Zonzon, et rien rien à bouffer. Papa bûcheron, maman bûcheronne...

MARIE-LÉONIE : Mon père était dans les postes, livraison de courriers urgents, et ma mère femme au foyer.

---

1. J'en remets une couche, je recommence (expression familière).

Mange ta main

POUCET : Tatatatatatatata, ils étaient bourrés[1], pleins aux as, ils faisaient partie du gratin[2], c'était ripaille[3] et compagnie, table ouverte à tout va[4], et vous savez pas ce que ça mangeait ?

MARIE-LÉONIE *(fermement)* : On ne mangeait pas que ça !

POUCET : Des petits enfants ! la famille Logre mangeait des petits enfants, oui oui parfaitement.

MARIE-LÉONIE : Les Logre étaient des gens comme tout le monde.

ZONZON *(sur la pointe des pieds[5])* : Permettez, tout le monde ne mange pas de petits enfants.

POUCET : Voilà.

MARIE-LÉONIE : Mon papa aimait toutes sortes de choses.

POUCET : Mais plus spécialement les petits enfants.

MARIE-LÉONIE : Non non non non, il aimait aussi les petits canetons, les petits agnelets, les petits cochons de lait, il raffolait des petits poussins qu'il dégustait à la croque au sel[6] en apéritif, des petits veaux, des petits lapereaux et des œufs de pigeon qu'il gobait[7] par douzaine au petit-déjeuner. Tous les vendredis on mangeait du poisson, rien que du poisson.

MADAME ZONZON : De la petite friture[8] sans doute ?

POUCET : Et nous cailloux à la sauce caillou, tous les jours.

---

1. (aux as) Très riches (terme familier).
2. De l'élite, de la meilleure société.
3. Bons et copieux repas.
4. Ils étaient toujours prêts à recevoir des convives à déjeuner ou dîner, même si ce n'était pas prévu.
5. Avec précaution, en faisant attention à ce qu'elle dit.
6. Crus et sans autre assaisonnement que du sel.
7. Avalait tout rond.
8. Des petits poissons frits dans l'huile.

Marie-Léonie : Monsieur mon papa bien que né Logre était un simple Logre de province, il avait beaucoup de mal à tenir son rang[1] et à trouver de la chair fraîche pour régaler les invités les jours fériés, et quand par hasard des petits enfants s'égaraient dans la forêt, ou y étaient perdus volontairement par leurs parents, ils étaient si maigrelets que madame maman devait d'abord nous priver pour les nourrir afin de les remplumer et de les rendre présentables à table.

Poucet : Pendant ce temps nous on suçait des cailloux matin midi et soir. C'est ça une enfance heureuse hein ?

Zonzon : Chacun sait apprécier son propre malheur, il est plus difficile d'envisager le malheur des autres.

Poucet : Blablablablablabla.

Zonzon : Pardon mais...

Poucet : Quoi encore ?

Zonzon : Ne seriez-vous pas le petit...

Poucet *(la coupant)* **:** Oh ça va ça va ça va comme ça, oui je suis le petit, mais c'est pas du tout rapport à ma taille, pas du tout, ça c'est ce qu'on dit dans les gazettes[2], c'est l'histoire inventée par les pisse-copie[3] comme ce Charles Perlo...

Zonzon : Perrault.

Poucet : Pardon ?

Zonzon : Charles Perrault.

Poucet : Je suis le plus jeune des sept frères Poucet, le Petit

---
1. Rester digne et garder sa position sur l'échelle sociale.
2. Journaux.
3. Mauvais écrivains (terme familier).

Mange ta main

Poucet donc, vous voyez, le plus petit donc, comme on disait d'Alfred mon grand frère, pourtant tout petit lui...

Marie-Léonie *(le coupant)* : Il était pas tout petit.

Poucet : Si si pour son âge il était petit rapport aux carences alimentaires[1], on l'appelait quand même le Grand Poucet vu que c'était l'aîné, et moi le petit vu que j'étais le dernier-né, mais sans rapport avec nos tailles, vous voyez ?

Zonzon : Je vois... À quel âge vos parents vous ont-ils abandonnés dans les bois ?

Poucet : Ils nous ont pas abandonnés. Tout ça c'est des menteries, des ragots[2] repris par ce Charlot Perlo. On s'est perdus, là !

Marie-Léonie : Turlututu chapeau pointu.

Poucet : On est partis fagoter[3] au bois et on s'est perdus.

Zonzon : Deux fois de suite ?

Poucet : Deux fois de suite, exact. Le bois était très touffu.

Zonzon : Et les petits cailloux alors ?

Poucet : Je vous l'ai dit, c'était mon repas de midi. On suçait des cailloux comme trompe-faim, j'en avais toujours dans mes poches et une de mes poches était trouée faut croire. Ah, fallait voir la joie de nos vieux quand on est rentrés à la maison pour être bien sûrs qu'ils l'avaient pas fait exprès !

Zonzon : Qu'ils l'avaient pas fait exprès quoi ?

Poucet : Ben de nous perdre tiens.

Zonzon : Et la seconde fois ? Les miettes ?

---

1. Absence ou insuffisance de certains éléments nutritifs indispensables à l'organisme.
2. Racontars, commérages.
3. Ramasser du bois pour le mettre en fagots.

Poucet : Des vieilles miettes, un reste de quignon[1] du dimanche.

Zonzon : Donc vous aviez du pain.

Poucet : Le dimanche oui. C'est bien la preuve qu'on crevait pas de faim non et que papa maman Poucet n'avaient aucune raison d'aller nous perdre dans les bois.

Silence.

Vous ne me croyez pas ?

Zonzon : Si bien sûr mais... je ne vois toujours pas le rapport entre la cicatrice de madame votre épouse...

Marie-Léonie : Appelez-moi Marie-Léonie.

Zonzon : Merci. Ni où, et quand, et surtout comment, vous vous êtes rencontrés, puis...

Marie-Léonie : Après.

Poucet : Et avant.

Zonzon : Pardon après et avant quoi ?

Marie-Léonie : Les événements. Raconte toi.

Poucet : Ouais ben c'est simple, une fois perdus rapport aux moineaux qu'ont becqueté mes miettes – tout le monde crevait de faim dans ce bois faut croire – on a erré erré...

Zonzon : Qui ça ?

Poucet : Ben moi et mes six frères qui larmichaient[2], plus grands et plus âgés que moi mais ramollos du cerveau[3], ça geignait[4], ça

---

1. Morceau de pain.
2. Se plaignaient, pleurnichaient (mot inventé).
3. Mous, empotés, incapables de réagir (terme familier).
4. Gémissait.

Mange ta main

geignait, on est perdus et on ne retrouvera jamais papa maman, tu parles Charles[1]. Alors moi ni une ni deux je me hisse à la cime d'un chêne et j'aperçois au loin une fumée bien noire sortant d'une grande cheminée.

MARIE-LÉONIE : C'était chez nous.

POUCET : Du coup on s'est dirigés droit dessus et on est tombés sur la rombière[2] Logre qui malaxait[3] des petits pâtés à la cervelle de veau.

MARIE-LÉONIE : C'est ce qui rappelait le plus à monsieur papa la consistance et la fadeur du nourrisson.

ZONZON : C'est horrible !

MARIE-LÉONIE : Non, c'est très bon, surtout mélangé avec du pied de veau haché, si on n'a pas de pied de veau on met du mou.

ZONZON : Du mou ?

MARIE-LÉONIE : Du mou pour chat[4] qu'on épaissit avec du blanc de poireau.

POUCET : Oh oh ! C'est fini le papotage ? Je raconte ou non ?

MARIE-LÉONIE : D'abord pardon, je voudrais préciser une chose, jusqu'à ce jour fatal il est vrai que j'ai eu une enfance plutôt heureuse...

POUCET : Ah ah ah, nous y voici, nous y voilà !

---

1. Tu peux toujours parler, je ne te crois pas (expression familière).
2. Femme d'âge mûr, désagréable et assez ridicule.
3. Pétrissait pour mélanger les ingrédients.
4. Poumon des animaux de boucherie qui servait de nourriture pour les chats lorsque les croquettes n'existaient pas.

Marie-Léonie : Quand je rentrais de l'école avec mes six sœurs, dès qu'on pénétrait dans le bois on sentait la fumée, et à l'odeur on savait ce qu'on allait manger. Mes sœurs se mettaient à saliver et à prononcer le nom des mets ou de la bestiole qui cuisait, mais quand elles salivaient sans rien dire et qu'elles se regardaient avec des yeux brillants je savais.

Zonzon : Vous saviez quoi ?

Marie-Léonie : Ce que maman cuisinait.

Silence.

Zonzon : Et vous n'aimiez pas ça ?

Marie-Léonie : En tout cas j'aimais pas l'odeur.

Zonzon : Quelle odeur ?

Marie-Léonie : L'odeur. Et si je salivais aussi c'était bien malgré moi.

Zonzon : On salive toujours malgré soi.

Marie-Léonie : Et en me bouchant le nez très fort.

Zonzon : Et vos sœurs ?

Marie-Léonie : Elles se bouchaient le nez aussi mais leurs yeux brillaient.

Zonzon : Et les vôtres ?

Marie-Léonie : On se sent saliver mais on voit jamais ses yeux briller.

(Bref silence.)

Oui j'étais heureuse, enfin presque, jusqu'à ce jour maudit où celui-là a débarqué avec ses six nouilles de frères...

Poucet : Attention ! Si tu dis du mal de mes frères je pourrais causer de tes six sœurs et de leurs petites dents pointues.

Mange ta main

Marie-Léonie *(se jette sur lui poings dressés en hurlant)* : Elles ne sont plus là pour se défendre, elles !

Zonzon s'interpose.

Poucet *(fuit en faisant semblant d'être effrayé par Marie-Léonie)* : Hou là là là là ! Que j'ai peur ! Que j'ai peur ! C'est qu'elle me mangerait tout cru.

Zonzon *(calmant Marie-Léonie tout en s'adressant à Poucet)* : Arrêtez ça tout de suite !

Poucet : C'est plus fort qu'elle c'est de famille !

Zonzon : Asseyez-vous tous les deux et reprenons.

Marie-Léonie : Surtout, madame Patapon...

Zonzon : Zonzon !

Marie-Léonie : Pardon ?

Zonzon : Suzanne Zonzon pas Patapon !

Marie-Léonie : Surtout ne croyez pas madame Suzanne qu'on mangeait de la viande tous les jours, non non, en période de disette[1] c'était presque toujours maigre[2] chez nous.

Poucet : Chez nous c'était ni gras ni maigre, cailloux à la sauce limace et le dimanche quignon de pain trempé dans l'eau claire, et quand on salivait on avait ordre de ravaler pour ne rien laisser perdre.

Marie-Léonie : Nous aussi on a eu très souvent faim !

Poucet : Chez nous c'était tous les jours disette poulette.

Marie-Léonie : Quand l'une d'entre nous disait « Maman

---

1. Lorsqu'il n'y avait pas d'argent.
2. On ne mangeait pas souvent de viande.

j'ai faim » maman Logre répondait « Mange ta main et garde l'autre pour demain ». Un jour comme ça Marie-Éponine s'est croqué deux doigts de la main gauche.

ZONZON : Bouh ! ! ! C'est dégoûtant !

MARIE-LÉONIE *(approuvant)* : Elle les a recrachés aussitôt, monsieur papa en était très fier, une véritable Logre il a dit, elle ira loin si les petits cochons la mangent pas en chemin. Et il racontait ça à chaque repas de famille et Marie-Éponine devait montrer sa main gauche et ses deux doigts en caoutchouc.

POUCET : Chez nous, quand l'un d'entre nous disait « J'ai faim », maman pleurait à gros bouillons et papa se mouchait à s'en rompre les trompes d'Eustache[1], puis ils se jetaient des regards terribles avant de se frapper la poitrine et de lever les yeux comme ça.

Il lève les yeux.

Et après on les entendait se disputer toute la nuit.

ZONZON : Et une nuit vous les avez entendus prendre la décision de vous perdre dans les bois...

POUCET : Arrêtez ! Arrêtez avec cette histoire ! On s'est perdus point final. Ça arrive dans les meilleures familles, on n'en fait pas un fromage. Alors, je continue ? Sinon on sera encore là demain. On a débarqué tous les sept chez les Logre...

MARIE-LÉONIE : Pour mon plus grand malheur...

POUCET : T'as pas toujours dit ça. Là on est tombés sur la belle-doche[2].

---

1. Conduits étroits qui relient l'oreille moyenne et le rhino-pharynx (partie de la gorge qui se situe à l'arrière du nez).
2. Belle-mère (terme familier).

Mange ta main

Zonzon : Pardon ?

Poucet : Ma future belle-mère, madame Logre soi-même. Quand elle nous a vus tous les sept elle a levé les bras au ciel comme si elle voulait s'arracher la tête. « Mes pauvres petits, savez-vous bien où vous êtes ? – On s'en fout, on est perdus, on a froid, on a faim, on a sommeil ! » Là elle nous dit tout net que son mari mangeait les petits enfants. « On s'en fout pourvu qu'on mange aussi. » Alors elle nous a fait un bon repas avec du gruau[1] et des abats[2] de je sais plus quoi.

Zonzon : Il était quelle heure ?

Poucet : Je peux pas dire, il faisait toujours nuit noire dans cette maison avant que je fasse raser la forêt par papa maman et les six frérots.

Marie-Léonie : Un vrai massacre.

Poucet : Le massacreur c'est pas moi.

Marie-Léonie : C'est qui ?

Poucet : Me le fais pas dire !

Marie-Léonie : Des arbres centenaires.

Poucet : On en a fait du charbon de bois pour barbecue, ce qui a mis du beurre dans les petits cailloux. Où j'en étais ?

Zonzon : À table, le gruau, les abats...

Poucet : On a eu juste le temps de se remplir la panse[3] avant que les fifilles rentrent de l'école.

Marie-Léonie : Non, de la messe, c'était dimanche.

Poucet : Correct, dimanche. La rombière, je veux dire future

---
1. Plat à base d'avoine écrasée.
2. Parties comestibles autres que la viande (langue, rognons, foie...).
3. Se remplir l'estomac (la panse est la première poche de l'estomac des ruminants).

belle-maman, nous a dit, toujours très gentille : « Cachez-vous vite sous le saloir à viande[1] que les filles vous voient pas, monsieur Logre va pas tarder à rentrer. Une fois tout le monde au lit vous gagnerez la forêt. Je laisserai la porte ouverte. » On s'est glissés tous les sept sous le saloir. Les sept sœurs sont entrées, on les voyait pas mais on les entendait. Y en a une qui s'est mise à renifler très fort.

Marie-Léonie : Marie-Cléopâtre.

Poucet : Madame Logre a crié en tapant dans ses mains : « Vite ! À table à table mes petites Logresses ! »

Marie-Léonie : On a eu aussi du gruau et des abats de cailles avec des gésiers[2] frits.

Poucet : Et puis Logre est entré.

Marie-Léonie : Il a ôté son ciré – il pleuvait –, enlevé ses pinces à vélo[3], il a reniflé deux trois fois très très très fort.

Poucet : J'ai pas pu m'empêcher de glisser un œil pour essayer de l'entrevoir, mais c'est pas lui que j'ai vu...

Marie-Léonie : L'entendre renifler si fort ça m'a fait si peur que j'en ai fait tomber ma cuillère. C'est en me penchant pour la ramasser que...

Poucet : Nos regards se sont croisés.

Silence.

Marie-Léonie : Aussitôt je me suis mise à saliver très fort

---
1. Coffre où l'on place les morceaux de viande à saler, afin de les conserver.
2. Deuxième estomac des oiseaux, abats comestibles.
3. Accessoires en plastique semi-circulaires qui servent à serrer les jambes du pantalon autour de la cheville pour éviter qu'elles ne se prennent dans la chaîne du vélo.

tout en ayant très peur que monsieur papa découvre les deux petits yeux sous le saloir.

Poucet : Moi je lui ai fait juste un petit coucou comme ça. *Il cligne de l'œil.*

Marie-Léonie : Madame maman ne respirait plus, elle serrait sa louche sur sa poitrine. Monsieur papa l'a regardée puis a reniflé très doucement mais très longtemps comme s'il voulait vider tout l'air de la maison dans ses poumons. Puis il nous a reniflées toutes les sept une par une. J'avais très peur. D'un doigt il a essuyé la salive qui dégoulinait de mon menton, puis il a dit comme ça...

Poucet *(imitant très sobrement Logre)* : « Ça sent la chair fraîche. »

Marie-Léonie : Madame maman a crié : « Non non non ! »

Poucet *(toujours imitant Logre)* : « Si si si ! »

Marie-Léonie : Marie-Cléo a approuvé « J'ai senti moi aussi ! ». Papa Logre l'a fait taire, il a tourné sur lui-même, il a pointé son doigt sur les pieds du saloir. Madame maman alors a crié : « Juste sept petits bouts de chou égarés, sept petits cure-dents, pas de quoi remplir une seule de tes dents creuses ! »

Poucet : Il nous a tirés de dessous le saloir, il nous a pris tous les sept par les pieds dans sa grosse main comme une botte de carottes et nous a agités très haut comme pour nous peser. C'est là que je l'ai vue, elle, en entier. C'était la plus petite.

Marie-Léonie : J'étais la plus jeune.

Poucet : Je lui ai refait comme ça...

Il cligne de l'œil.
Ça l'a fait rougir.

Marie-Léonie : C'était la chaleur du four.

470 **Poucet :** Madame Logre a déclaré qu'elle allait nous mettre à gaver[1] histoire de nous remplumer.

Marie-Léonie : Monsieur papa hochait la tête et a déclaré : « En attendant dodo, c'est en dormant qu'on profite et que le sang s'épaissit. »

475 **Poucet :** Il est monté nous coucher tous les sept dans un grand lit puis il a refermé la porte à clé.

Marie-Léonie : Il est redescendu tout guilleret[2] et il a éclusé[3] pas mal de bouteillons de vin noir tout en expliquant à madame maman que ces sept-là étaient sans aucun doute un
480 don des cieux car dimanche prochain il recevait sa cousine, une pimbêche[4] qui avait épousé un vieux roi décati[5] dont le fils avait eu une histoire avec une princesse restée au lit pendant cent ans.

Poucet : Une vulgaire histoire de quenelle[6].

485 **Marie-Léonie :** De quenouille[7] si tu permets.

Poucet : Dont ce Perlo et les journaux people[8] ont fait leurs choux gras[9], ils adorent les princes et les princesses, tous.

---

1. Nous alimenter de force pour que nous engraissions (comme on le fait pour les volailles).
2. Plein de vivacité et de gaieté.
3. Bu (terme familier).
4. Une fille prétentieuse et hautaine.
5. Vieilli, usé par l'âge.
6. Rouleau de hachis de viande blanche ou de poisson mélangé à de la mie de pain et des œufs.
7. Bâton sur lequel on plaçait la fibre textile à tisser.
8. Journaux qui s'intéressent à la vie des vedettes, des personnes publiques.
9. Ont gagné beaucoup d'argent.

Mange ta main

Marie-Léonie : Il allait donc pas attendre que ces sept petits choux deviennent gras, cette nuit même il les découperait afin que maman puisse les faire dessaler[1] avant de les mijoter à la sauce Robert, sa cousine adorant les petits enfants à la sauce Robert.

Zonzon : C'est comment ?

Marie-Léonie : Quoi donc ?

Zonzon : La sauce Robert ?

Marie-Léonie : Comme la sauce André mais moins vinaigré. Après on est montées se coucher à notre tour, sans faire de bruit pour pas réveiller les Robert, comme mes sœurs les appelaient. Et puis on s'est toutes endormies en salivant très fort, mais moi j'avais le cœur pincé et je pensais aux deux petits yeux qui m'avaient fait coucou sous le saloir.

Poucet : Une fois au lit mes frères s'étaient mis à claquer des dents et à gémir, à gémir, tout en tremblotant ils ont fini par s'endormir bien serrés les uns contre les autres. Moi j'ai pas dormi, j'ai écouté tout ce que futur beau-papa racontait en bas, et puis j'ai vu les sept fifilles Logre se mettre au lit toutes ensemble, dans le paddock[2] juste en face du nôtre.

Je voyais celle-là qui me cherchait des yeux, mais moi, la tête sous le traversin, je faisais semblant de ronfler très fort. Dès qu'elles se sont endormies je me suis levé et j'ai placé nos sept chapeaux pointus sur les nattes des sept petites filles à la

---
1. Enlever le sel en trop (en rinçant à l'eau douce).
2. Lit (en argot).

place des sept bonnets de nuit en dentelle que j'ai collés sur les têtes de mes frères. Celui de Marie-Léonie je l'ai placé sur ma tête à moi. Et quand monsieur futur beau-papa, saoul comme dix-huit Polonais[1], est entré avec son coutelas[2], il a tourné d'un pied sur l'autre en reniflant tout bas de peur de réveiller ses fifilles, puis d'un coup il a découpé en deux les sept chapeaux pointus. À tâtons il a glissé les sept têtes dans son panier d'osier et il a reformé la botte de carottes avant de redescendre l'escalier sur la pointe de ses gros pieds bottés pour pas réveiller ses sept fifilles qui ronflaient sous leurs bonnets de dentelle. Une fois en bas, un cri terrible, puis un autre, et un râle : « Qu'est-ce que t'as fait ! Qu'est-ce que t'as fait là ! » Les cris ont réveillé les frangins, j'ai dit : « Les petits potes, on a dix secondes pour sortir de là et se carapater[3] droit devant soi ! – Dans la nuit noire ? a pleurniché Nestor. – Tu préfères la sauce Robert ? » On a dévalé l'escalier, on a traversé la cuisine, en passant j'ai vu les pieds des fillettes à demi glissés dans le saloir et la tête de celle-là avec ses nattes et son chapeau pointu qui me souriait dans le panier d'osier. Ça m'a tout tourbidonné[4]. Mais j'ai couru, couru, droit devant moi, jusqu'à ce qu'un point de côté m'empêche d'avancer.

Silence.

POUCET : Voilà, vous savez tout.

---

1. Complètement ivre (expression familière).
2. Grand couteau de cuisine à large lame.
3. S'enfuir à toutes jambes (terme familier).
4. Bouleversé (mot inventé, construit sur « tourneboulé »).

Mange ta main

ZONZON *(abasourdie)* : Quoi quoi je sais tout ? La tête de madame est dans le panier, et son corps dans le saloir, et...

MARIE-LÉONIE : C'est tout simple madame Zonzon. Maman Logre, dont j'étais la préférée, avec du cordonnet[1] et ses doigts de fée – c'est elle qui faisait toutes nos robes et même nos petits dessous –, m'a recousue, vite fait bien fait.

POUCET : Vite fait mal fait. Devant derrière.

MARIE-LÉONIE : J'aurais voulu t'y voir toi, il sait même pas se recoudre un bouton.

ZONZON : Comment ça devant derrière ?

MARIE-LÉONIE : Avec les larmes qui coulaient, le cordonnet qui cassait, dans son désir de bien faire, elle a placé ma tête bien droite mais à l'envers.

ZONZON : À l'envers ?

POUCET : Devant derrière on vous dit !

Zonzon ne comprend toujours pas.

MARIE-LÉONIE : Mes yeux derrière, mon crâne devant.

ZONZON : Quelle horreur ! Non mais quelle horreur !

POUCET : Plus tard c'est moi qui l'ai fait raccommoder à l'endroit par un ami boucher-charcutier diplômé.

MARIE-LÉONIE : Voilà pourquoi j'ai cette grosse cicatrice, celle de maman était très fine.

POUCET : Sans moi tu serais encore montée à l'envers ! Tes yeux regarderaient toujours ton derrière !

---

[1]. Petit cordon, cordelette.

Marie-Léonie : Sans toi j'aurais la tête bien droite, des sœurs bien vivantes, un père et une mère en bonne santé.

Poucet : Alors il aurait fallu pour te plaire que je me fasse bouffer à la sauce Robert !

Marie-Léonie : Non, juste que ton père et ta mère aillent te perdre dans un autre bois, loin, très loin de chez moi.

Silence.

Zonzon : Mais ainsi vous ne vous seriez sans doute jamais rencontrés et vous n'auriez pas eu ensemble vos sept charmants bambins.

Silence.

Zonzon : Votre mère a-t-elle recousu vos autres sœurs ?
Marie-Léonie fait non de la tête, refoulant ses larmes.
Poucet : Elles étaient déjà raides.
Silence.

Zonzon : Bon, j'ai compris pour la cicatrice, mais ce que je ne sais toujours pas c'est comment vous en êtes venus à vous fréquenter jusqu'à vous...

Poucet : C'est tout simple, beau-papa Logre après avoir découpé ses fifilles a tourné zinzin[1], du coup il pouvait plus assurer son service, livrer les paquets et les plis urgents.

Zonzon : Les bottes de sept lieues[2] ?

Poucet : Laissez tomber les bêtises à Perlo !

Zonzon : Vous n'avez pas enfilé ses bottes ?

Poucet : Il chaussait du 56 et moi du 32 !

---

1. Est devenu à moitié fou (terme familier).
2. Ancienne unité de mesure équivalent à environ 3,5 km.

Mange ta main

ZONZON : Mais on dit qu'elles étaient enchantées et qu'elles...

POUCET *(la coupant)* : Et qu'elles prenaient la forme des pieds de celui qui les...

ZONZON : Exactement.

POUCET : Vous en avez déjà vu vous des bottes qui prennent la forme des pieds ?

ZONZON : Oui, elles s'élargissent quand on les porte.

POUCET : Voilà. C'est son vélo qu'était enchanté, pas ses bottes.

ZONZON : Son vélo ?

POUCET : Beau-papa s'est effondré épuisé au pied d'un arbre et s'est mis à ronfler, le vélo à terre près de lui, à peine je suis monté dessus que ce vélo s'est mis à ma taille et m'a conduit sans que je lui donne un seul coup de pédale droit au domicile de chaque destinataire[1] de chaque pli urgent[2].

MARIE-LÉONIE : T'as volé le vélo de papa ! ! !

POUCET : Volé ? J'ai rien volé, et puis fallait bien livrer le courrier, les sacoches étaient pleines, le courrier avant tout, non ? C'est comme ça que je suis devenu comme qui dirait son suppléant[3], avant d'être titularisé[4], puis de passer chef de service, et enfin par la suite directeur général. J'en suis pas plus fier pour autant, hein, c'est juste histoire de dire. De temps en temps je rendais visite à la maison Logre pour régler soi-disant des questions de service, et à chaque fois que je croisais celle-là

---

1. Celui à qui on envoie le courrier.
2. Lettre urgente.
3. Remplaçant provisoire.
4. Nommé définitivement sur le poste.

je lui faisais coucou du coin de l'œil, elle ne rougissait plus, mais ça la tourneboulait[1], c'était visible à l'œil nu.

Marie-Léonie *(haussant les épaules)* : Forcément j'étais devant derrière.

Poucet : Enfin vous savez ce que c'est madame Zonzon, l'amour comme vous dites, l'amour, toujours l'amour...

Zonzon *(à Marie-Léonie)* : Et vous ?

Marie-Léonie : Moi ?

Zonzon : Comment vous avez accueilli ça ?

Marie-Léonie : Quoi ?

Zonzon : Les visites du jeune Poucet ?

Marie-Léonie : Moi j'étais seule, je m'ennuyais avec papa qui tournait en rond à longueur de nuit et de jour dans la chambre du haut pour essayer de comprendre ce qui s'était passé. En plus avec la tête devant derrière pas question de sortir me promener, je me cognais partout je ne voyais pas devant moi et j'avais même du mal à rester assise le nez dans le dossier des fauteuils, impossible même de tricoter ou de lire les gazettes sans me coller un tour de rein[2].

Poucet : Je t'ai offert un tabouret à trois pieds rappelle-toi.

Marie-Léonie : Merci.

Poucet : Pas de quoi, c'était de bon cœur.

Marie-Léonie : Avec ça ma pauvre maman qui s'arrachait les cheveux dès qu'elle m'apercevait. Enfin malgré tout j'étais jeunette et je devais moi aussi ressentir...

---

1. Ça la mettait dans tous ses états (terme familier).
2. Sans me faire très mal au dos.

Mange ta main

ZONZON *(approuve)* : Le truc qui chatouille en dedans ?
MARIE-LÉONIE : Voilà, c'est ça : l'amour.
Bref silence.
POUCET : Et moi un beau jour ni une ni deux sans crier gare j'ai demandé sa main à son père. Il a sorti son coutelas et m'a demandé : « Laquelle des deux la droite ou la gauche ? »
MARIE-LÉONIE : C'est là qu'on a vu qu'il était devenu zinzin madame Zonzon.
Elle pleure.
POUCET : Zinzin et végétarien[1].
MARIE-LÉONIE : Ma pauvre maman aussi.
ZONZON : Zinzin ?
MARIE-LÉONIE : Non végétarienne, zinzin après.
POUCET : Végétarienne, la honte ! Du coup quand on s'est mariés on n'a pas pu inviter un seul Logre, tous carnivores à mort.
MARIE-LÉONIE : Tous les Poucet étaient présents et ricanaient dans mon dos, celui-là m'avait déjà fait remettre la tête presque à l'endroit, c'est là que j'ai compris mon malheur, mais c'était trop tard, j'étais une Poucet moi aussi. Après il y a eu les sept naissances, ça m'a pris pas mal la tête, j'ai pas eu loisir de penser au passé, mais depuis quelque temps je me languis et je ne peux pas m'empêcher d'y repenser, c'est plus fort que moi le passé revient.
Elle pleure.

---

[1]. Ne mangeant plus aucune viande.

Poucet : Et voilà, et voilà, larmichage et larmichette. J'en ai marre archimarre ! Moi je veux que tout le monde dans ma maison vive dans le présent et se paye du bon temps !

Marie-Léonie : Ta maison c'est celle des Logre, pas celle des Poucet !

Poucet : Vous voyez, vous voyez madame Zonzon, après tout ce que j'ai fait pour elle, vous voyez comme elle me cause ! J'aurais dû te laisser devant-derrière et te balancer le tabouret trois-pieds sur la cafetière[1] !

Silence.

Marie-Léonie : Des fois je me dis que pour me sentir aussi mal dans ma peau faut que maman Logre se soit trompée, elle a dû recoudre ma tête sur le corps d'une de mes sœurettes.

Poucet : Quelle importance, quelle importance ? Je te demande un peu, quelle importance ?

Marie-Léonie *(hurlant)* : Pour moi c'est important si tu permets !

Silence.

Marie-Léonie *(soudain)* : Qu'est-ce qu'on doit faire madame Zonzon, qu'est-ce qu'on doit faire pour sauver notre couple ?

Zonzon *(après réflexion)* : Penser davantage à ce qui rapproche qu'à ce qui sépare.

Poucet : Ouais...

Zonzon : Et faites chacun un petit effort de temps en temps pour faire plaisir à l'autre.

---

1. Sur la tête (terme familier).

Mange ta main

Marie-Léonie : Quel genre d'effort ?

Zonzon : Mettez donc un col roulé en hiver et un petit mouchoir noué en été, c'est coquet.

Marie-Léonie : Et lui il doit rien faire ?

Zonzon *(s'adressant à Poucet)* : Si, si. Quand vous la sentez trop triste faites-lui un petit coucou de l'œil en passant, histoire de vous rappeler ensemble la première fois que vous vous êtes vus, et comment est né votre grand amour. L'amour est la meilleure pommade pour guérir les cicatrices du passé.

Poucet *(après un temps)* : Franchement madame Zonzon vous en raccommodez beaucoup des couples déchirés avec vos blablas à la mords-moi le doigt[1] ?

Zonzon : Franchement pas beaucoup monsieur Poucet, mais rassurez-vous, j'ai une autre activité, j'écris des contes pour enfants.

Marie-Léonie et Poucet : Non ? ? ? ! ! !

Poucet : Comme l'infâme Perlo ?

Zonzon : Hélas non, pas comme lui, moi je fais ce que je peux.

Poucet : Comme maman Logre alors, tout de travers ! Vous savez je me suis renseigné sur ce Charlie Charlot Perlo, il en a fait des vertes et des pas mûres hein[2], et ça n'a jamais été rapporté dans les gazettes. Si vous voulez je vous raconte tout et vous pourrez en faire des manchettes[3] dans la presse à

---
1. Pas sérieux, qui ne servent à rien (terme familier).
2. Il a fait des choses excessives, c'est-à-dire que ce qu'il a écrit est exagéré.
3. Très gros titres à la une des journaux.

scandales[1]... Y a même eu des scandales immobiliers avec son frère qu'était architecte...

Dringggg !

ZONZON : Désolée, le couple suivant. Bonsoir monsieur et madame Poucet.

POUCET ET MARIE-LÉONIE : Bonsoir madame Zonzon.

POUCET *(à Marie-Léonie)* : Serre bien ton col avant de sortir.

MARIE-LÉONIE : Alors donne-moi le bras toi.

POUCET : Enlève tes talons.

MARIE-LÉONIE : Hisse-toi plutôt sur la pointe de tes pieds.

Tous les deux sortent comme ils peuvent, bras dessus bras dessous.

ZONZON : Et bonjour à vos sept enfants !

MONSIEUR ET MADAME POUCET : On n'y manquera pas.

MARIE-LÉONIE *(off[2])* : Pas la peine de me cligner de l'œil, je suis pas triste là.

POUCET *(off)* : Je cligne pas, j'ai une crampe au mollet.

MARIE-LÉONIE *(off)* : Moi j'ai le kiki[3] trop serré.

POUCET *(off)* : J'espère qu'elle va pas encore écrire des bêtises sur nous comme l'infâme Perlo et ses collègues pisse-copie.

MARIE-LÉONIE : Espérons.

POUCET : Bisous cocotte.

MARIE-LÉONIE : Bisous coco.

On les entend se bécoter, tandis que la raccommodeuse tient la porte grande ouverte en invitant le nouveau couple à pénétrer.

---

1. Journaux qui parlent de la vie privée des personnes publiques.
2. Parlant des coulisses, alors qu'on ne la voit plus sur la scène.
3. Le cou (terme familier).

Mange ta main

Zonzon : Allons, entrez, entrez, ne soyez pas timides, je ne vais pas vous manger.

Entre un homme seul, plutôt petit, même franchement petit, rasant les murs, les yeux cachés derrière des lunettes noires, une grande barbe rousse collée hâtivement. Il cherche à dissimuler son visage et par suite[1] son identité.

Zonzon : Vous êtes seul ?

L'Homme : Hélas.

Zonzon : Étant raccommodeuse de couples, je ne...

L'Homme *(précipitamment)* : C'est précisément ce qui m'amène. J'ai beaucoup, beaucoup de mal à construire une relation durable et stable. J'ai déjà été marié, attendez, six... sept fois.

Zonzon : Nom ?

L'Homme : Si si hélas.

Zonzon : Non, je dis nom.

L'Homme : Je vous assure que si, sept !

Zonzon : Votre nom ?

L'Homme *(hésite puis lâche)* : Bleu.

Zonzon : Prénom ?

L'Homme : Barbe.

Zonzon *(le dévisage puis :)* : Joli prénom.

L'Homme : Hélas, on ne choisit ni son nom, ni son prénom.

Zonzon : Ni même ses parents.

L'Homme : Hélas, trois fois hélas.

Zonzon : Pas plus que les parents ne choisissent leurs enfants.

---

1. De ce fait, par conséquence.

L'Homme : Absolument.

Zonzon : Ils doivent se contenter de ce qui sort et s'arranger pour aimer ça.

L'Homme : Tout à fait.

Zonzon : Mais vous, vos sept épouses monsieur Bleu, vous avez eu tout le loisir de les choisir.

L'Homme *(baisse la tête et murmure)* : Hélas.

Silence, puis...

Zonzon *(d'une voix impérieuse)* : Pourriez-vous sans vous commander avoir la politesse d'ôter ces lunettes ridicules et cette barbe manifestement fausse et collée de travers !

L'Homme *(gêné)* : Impossible, je suis ici incogenito[1]...

Zonzon : Incognito[2] !

L'Homme : Si vous voulez. J'ai l'intention n'est-ce pas de me remarier prochainement et je voudrais éviter... Vous me suivez ?

Bref silence.

Zonzon : Je vous précède.

L'Homme : Hélas.

Zonzon : Dites-moi ce qui vous tracasse ?

Bref silence.

L'Homme : J'ai un peu de fortune, je suis très bien logé dans un coin boisé, un peu isolé il est vrai, mais spacieux et qui convient bien à mon tempérament. De ma fenêtre je ne vois qu'herbe qui verdoie[3]...

---

1. Ce mot n'existe pas.
2. Qui cherche à ne pas se faire reconnaître.
3. Du verbe « verdoyer » (devenir vert).

Mange ta main

ZONZON : Et poussière qui tournoie ?

L'HOMME : Pardon, comment dites-vous ?

ZONZON : Vos épouses, elles, ne supportent pas d'être éloignées ainsi du centre ? Déménagez.

L'HOMME : Non non, ce n'est pas ça, l'endroit est très bien desservi, mais j'ai chez moi un... comment dire ?

ZONZON : Un débarras[1] fermé à clé ?

L'HOMME : Comment le savez-vous ?

ZONZON : Débarras que vos épouses successives dévorées par une curiosité bien féminine ne peuvent s'empêcher d'ouvrir dès que vous avez le dos tourné malgré votre formelle interdiction ?

L'HOMME : Hélas.

ZONZON : Et elles y découvrent...

L'HOMME : Hélas, trois fois hélas.

ZONZON *(poursuivant)* : Les dépouilles de vos épouses précédentes accrochées à des portemanteaux.

Silence puis...

L'HOMME : Je ne sais que dire sinon que la curiosité féminine est un bien vilain défaut, surtout pour les femmes.

ZONZON : Ouais, écoutez ça paraît logique pour les six dernières mais pour la première ?

L'HOMME : La première quoi ?

ZONZON : Votre première épouse.

L'HOMME : Mais pardon, elle aussi a ouvert le cabinet[2] en mon absence malgré ma formelle interdiction.

---

[1]. Lieu où l'on stocke des objets encombrants ou dont on ne se sert pas souvent.
[2]. Cette petite pièce.

Zonzon : Et pourquoi était-ce formellement interdit ?

L'Homme : Comment ça pourquoi ?

Zonzon : Pourquoi ne devait-elle pas ouvrir la porte de ce cabinet ?

L'Homme : Placard.

Zonzon : Placard, soit. Elle l'a ouvert et elle y a trouvé quoi ?

L'Homme : Eh bien eh bien... rien, rien. Des bricoles, des vieilleries, des... C'était un débarras n'est-ce pas.

Bref silence.

Zonzon : Pourquoi l'occire[1] alors ?

L'Homme : Pardon ?

Zonzon : Pourquoi l'avoir zigouillée puisqu'elle n'avait pas découvert de cadavres d'épouses précédentes étant la première ?

Un temps.

L'Homme : Je ne me souviens plus très bien, c'est si lointain.

Silence.

Disons qu'elle me portait sur les nerfs.

Nouveau silence.

Zonzon : Cher monsieur Bleu Barbe, malgré tout le respect que je vous dois, votre histoire ne tient pas la route.

L'Homme : Pas la route ! Mon histoire comme vous dites fait pourtant peur aux petits enfants du monde entier.

Zonzon : Petits enfants ou pas, elle ne tient pas la route, pas plus d'ailleurs que votre déguisement ridicule.

---

1. Tuer (terme ancien).

Mange ta main

L'Homme : Quel déguisement ?
Elle lui arrache soudain sa barbe et ses lunettes.
L'Homme : Mais vous êtes folle ! Arrêtez ça !
Il tente de recoller précipitamment sa barbe. Zonzon lui tape sur les doigts pour l'en empêcher.
Zonzon : Vous n'êtes ni Bleu ni Barbe.
L'Homme : Si si, je suis Barbe !
Zonzon : Que nenni[1], vous êtes Poucet !
L'Homme : Non non, pas Poucet ! Vous êtes folle ! Je suis Bleu, je suis Barbe, je suis Barbe Bleue.
Zonzon : Même un enfant de treize mois ne pourrait croire que vous l'êtes.
L'Homme : Pourquoi ça ?
Zonzon : À cause de votre taille.
L'Homme *(se redressant)* : Qu'est-ce qu'elle a ma taille encore ?
Zonzon : Barbe bleue, un géant, gigantesque, comme beau-papa Logre.
L'Homme : Qu'est-ce que vous en savez ? Vous le connaissez ?
Zonzon : Qui ?
L'Homme : Barbe.
Voix Féminine *(en coulisses)* : Oh oh ! ! ! Ça va pas ! Vous dites n'importe quoi là !
Tous les deux ensemble : C'est elle !
C'est lui !

---

1. Absolument pas (terme ancien).

Voix Féminine : Reprenez plus haut.

L'Homme : Non non, moi je sors. Elle m'a humilié. Elle m'a arraché la barbe devant tout le monde. Je sors et je vais de ce pas dire à Perlo que son histoire ne tient pas la route.

Zonzon *(entre ses dents)* : C'est ça, c'est ça, va cafter.

L'homme sort précipitamment, renversant au passage une chaise, ou mieux le fond du décor.

On ne casse pas le décor, svp !

Puis lâchant enfin dans un sourire crispé.

Profitons de cet instant de répit[1] pour écrire un joli conte pour enfants.

Voix Homme *(en coulisses)* : Qui tienne la route ! Poil au prout !

Il ricane.

Voix Féminine *(en coulisses, outragée[2])* : C'est pas le texte ! C'est pas du tout le texte !

Voix Homme : Elle est devenue folle.

Voix Féminine : Retournes-y.

Voix Homme : Ah non non non, j'en ai marre, archimarre, ça va comme ça hein.

Zonzon : Moins fort, j'écris.

Voix Homme : Je rends service moi, je rends service. C'est de ma faute si Barbe a chopé la grippe ?

Voix Femme : Elle va jamais pouvoir finir la pièce toute seule.

---

1. Tranquillité.
2. Hors d'elle, furieuse.

Mange ta main

Voix Homme : Bien fait.
Sonnerie du téléphone en scène.
Zonzon *(décroche, excédée)* : Allô allô, oui, Suzanne Zonzon elle-même, de la part de qui ? Perlo ? Vous êtes madame Perlo ? Non ? Comment ? Votre père vous fait des misères ? Vous m'appelez d'où là ? D'une cabane ? D'une cabine ? Ha oui oui oui oui oui. Vous vous cachez dans un pot ? Sous un pot ? Sous une peau !
Elle se touche le front du doigt.
Écoutez, je ne m'occupe que du raccommodage des couples déchirés, je suis débordée, non non, impossible impossible, demain aussi impossible. Non non n'insistez pas je ne peux rien faire pour le pot. Pour les ânes non plus, encore moins. Voyez un vétérinaire. Eh bien c'est ça, parlez-en avec votre père. Et dites à Perlo qu'il cesse de m'envoyer des clients, mon carnet de rendez-vous est plein jusqu'à la saint Glinglin[1]. Comment ? Votre père vous aime trop ? Un papa n'aime jamais trop. Écoutez arrêtez arrêtez, arrêtez ça ! Je m'en fous, je m'en fous ! Débrouillez-vous !
Elle raccroche en soufflant.
Sonnerie à la porte.
Dring !
Zonzon sursaute, elle n'a pas eu le temps de retourner à son bureau.

---

[1]. Jusqu'à une date tellement lointaine qu'on ne peut pas la connaître (et qui n'existe donc pas). Expression familière.

Zonzon : Encore ! C'est fermé !

Voix Homme : Ouvrez ! Ouvrez par pitié !

Zonzon : Le cabinet est fermé.

Voix Homme : C'est une question de vie ou de mort.

Zonzon : Moi je ne reçois que sur rendez-vous, c'est écrit sur la porte.

Voix Homme : Je vous en supplie madame Zonzon, c'est urgentissime !

Elle entrouvre la porte, aussitôt entre en trombe[1] un homme encore jeune s'efforçant malgré sa petite taille de paraître charmant. Il traîne ou pousse une femme encore jeune également, mais fagotée comme l'as de pique[2].

L'homme, se jetant aux genoux de Zonzon brandissant une pantoufle minuscule enveloppée dans du papier alu : Aucun de ses pieds n'entre plus dans...

La Femme *(hurle)* : J'ai les pieds qui enflent quand il fait chaud !

L'Homme : Vous avez pris dix-huit kilos oui !

La Femme : Parce que vous m'empêchez de faire le ménage !

L'Homme : L'épouse d'un prince charmant ne peut décemment[3] pas passer son temps à croupetons[4] serpillière en main !

La Femme : Mais puisqu'il n'y a que ça que j'aime !

---

1. Brusquement et à toute vitesse.
2. Mal habillée, sans goût. Au XVIIe siècle, on désignait par le terme « as de pique » un individu bizarre et mal bâti.
3. Raisonnablement.
4. Accroupie (terme familier).

Mange ta main

L'Homme : Vous avez des femmes de peine pour laver les sols. Madame Zonzon, connaissez-vous un régime qui fasse rapidement maigrir des pieds ?

La Femme : Même au début ces saletés de mules[1] me collaient des cors et des oignons[2]. Sans la fée je n'aurais jamais pu les mettre.

Zonzon : Pardon, vous avez des enfants ?

La Femme : Des enfants ? Pensez-vous ! Il ne cherche qu'à m'enfiler sa pantoufle, ce n'est pas ainsi qu'on fait des enfants !

Zonzon : Alors si vous n'avez ni rendez-vous ni enfant foutez-moi le camp ! Et tout de suite !

L'Homme *(se redressant)* : Madame Zonzon pardon mais on ne peut parler ainsi à un prince charmant.

Zonzon : Les princes charmants comme vous je m'assois dessus ! Dehors !

L'Homme *(se ravisant)* : Pendant qu'on y est ne voudriez-vous pas passer cette... *Il tente de lui enfiler la pantoufle après l'avoir déchaussée.* Vous avez des pieds si... si maigres !

Zonzon : Arrêtez ! Arrêtez ! Lâchez-moi le pied ! Lâchez-moi ça ! Ça me chatouille ! Arrêtez ! Sortez ! Sortez ou je fais un malheur !

La Femme : Sors on te dit !

L'Homme *(se redressant tout en rangeant sa pantoufle avec précaution)* : Soyez assurée madame Zinzin que je rendrai compte au mot près à monsieur Charlie Charlot Perlo de la grossièreté de votre réception.

---
1. Pantoufles sans talon.
2. Épaississements de la peau provoqués par le frottement de la chaussure sur le pied.

950 **ZONZON :** Je m'en fous. Rendez compte à qui vous voulez, mais sortez tous les deux, que je ne vous voie plus !

LA FEMME *(balai en main, s'approchant rapidement du bureau)* : Ah, ça m'a l'air d'un drôle de nid à poussière votre dessous de bureau, je vais vite donner un petit coup.

955 **ZONZON** *(lui arrachant le balai des mains)* : Lâchez ça, lâchez ce balai ! Sortez ! Sortez vous aussi !

LA FEMME *(menaçante)* : Les acariens[1] !

ZONZON : Je me fous des acariens comme de mes premières chaussettes ! Sortez !

960 *Elle les pousse jusqu'à la porte, les jette dehors et claque la porte derrière eux.*

LA FEMME *(réapparaît aussitôt au cadre extérieur du bord de la porte)* : Bon, elle ne veut absolument pas jouer la fin avec nous.

L'HOMME *(apparaissant lui aussi)* : Coupons-lui la lumière.

965 **ZONZON** *(assise, écrit fébrilement en murmurant)* : Il était une fois... Il était une fois...

L'HOMME *(crie)* : Noir ! Noir !

Le noir descend[2].

ZONZON : Rallumez ! Rallumez ! Je tiens une idée !

970 **L'HOMME :** Trop tard !

LA FEMME : Chers spectateurs on jouera la vraie fin demain soir.

L'HOMME : En attendant bonsoir et dodo.

ZONZON *(continuant à écrire dans le noir)* : Non non ! J'ai une

---

1. Minuscules parasites, cousins des insectes et des crustacés. Ceux que l'on trouve dans les poussières des maisons sont particulièrement allergisants.
2. La lumière baisse très progressivement, jusqu'à ce que l'obscurité soit totale sur la scène.

idée ! J'ai une idée originale ! J'ai une idée ! Rallumez, rallumez par pitié !

Voix Homme : Vous pouvez rallumer vos portables. Tchao.
Zonzon : Il était une fois, il était une fois, merde j'ai oublié !
Noir complet, puis silence et saluts s'il y a lieu.

Jean Tardieu
Finissez vos phrases !
ou
Une heureuse rencontre

Personnages

Monsieur A, *quelconque. Ni vieux, ni jeune.*
Madame B, *même genre.*

Finissez vos phrases !

Monsieur A et Madame B, personnages quelconques, mais pleins d'élan (comme s'ils étaient toujours sur le point de dire quelque chose d'explicite[1]) se rencontrent dans une rue quelconque, devant la terrasse d'un café.

MONSIEUR A *(avec chaleur)* : Oh ! chère amie. Quelle chance de vous...

MADAME B *(ravie)* : Très heureuse, moi aussi. Très heureuse de... vraiment oui !

MONSIEUR A : Comment allez-vous, depuis que ?...

MADAME B *(très naturelle)* : Depuis que ? Eh bien ! J'ai continué, vous savez, j'ai continué à...

MONSIEUR A : Comme c'est !... Enfin, oui vraiment, je trouve que c'est...

MADAME B *(modeste)* : Oh ! n'exagérons rien ! C'est seulement, c'est uniquement... Je veux dire : ce n'est pas tellement, tellement...

MONSIEUR A *(intrigué, mais sceptique[2])* : Pas tellement, pas tellement, vous croyez ?

MADAME B *(restrictive[3])* : Du moins je le... je, je, je... Enfin !...

MONSIEUR A *(avec admiration)* : Oui, je comprends : vous êtes trop, vous avez trop de...

---

1. Clair et précis, parfaitement compréhensible.
2. Non convaincu, interrogatif.
3. Plus précise, catégorique.

Madame B *(toujours modeste, mais flattée)* : Mais non, mais non : plutôt pas assez...

Monsieur A *(réconfortant)* : Taisez-vous donc ! Vous n'allez pas nous... ?

Madame B *(riant franchement)* : Non ! non ! Je n'irai pas jusque-là !

Un temps très long. Ils se regardent l'un l'autre en souriant.

Monsieur A : Mais, au fait ! puis-je vous demander où vous... ?

Madame B *(très précise et décidée)* : Mais pas de ! Non, non, rien, rien. Je vais jusqu'au, pour aller chercher mon. Puis je reviens à la.

Monsieur A *(engageant et galant[1], offrant son bras[2])* : Me permettez-vous de... ?

Madame B : Mais, bien entendu ! Nous ferons ensemble un bout de.

Monsieur A : Parfait, parfait ! Alors, je vous en prie. Veuillez passer par ! Je vous suis. Mais, à cette heure-ci, attention à, attention aux !

Madame B *(acceptant son bras, soudain volubile[3])* : Vous avez bien raison. C'est pourquoi je suis toujours très. Je pense encore à mon pauvre. Il allait, comme ça, sans – ou plutôt avec. Et tout à coup, voilà que ! Ah ! là là ! brusquement ! Parfaitement. C'est comme ça que. Oh ! j'y pense, j'y pense !

---

1. Aimable et empressé, pour être poli et serviable.
2. Présentant son bras, afin qu'elle s'appuie dessus.
3. Parlant avec abondance et rapidité.

Finissez vos phrases !

Lui qui ! Avoir eu tant de ! Et voilà que plus ! Et moi je, moi je, moi je !

Monsieur A : Pauvre chère ! Pauvre lui ! Pauvre vous !

Madame B *(soupirant)* : Hélas oui ! Voilà le mot ! C'est cela !

Une voiture passe vivement, en klaxonnant.

Monsieur A *(tirant vivement Madame B en arrière)* : Attention ! voilà une !

Autre voiture, en sens inverse. Klaxon.

Madame B : En voilà une autre !

Monsieur A : Que de ! Que de ! Ici pourtant ! On dirait que !

Madame B : Eh bien ! Quelle chance ! Sans vous, aujourd'hui, je !

Monsieur A : Vous êtes trop ! Vous êtes vraiment trop !

Soudain changeant de ton. Presque confidentiel[1].

Mais si vous n'êtes pas, si vous n'avez pas, ou plutôt : si vous avez, puis-je vous offrir un ?

Madame B : Volontiers. Ça sera comme une ! Comme de nouveau si...

Monsieur A *(achevant)* : Pour ainsi dire. Oui. Tenez, voici justement un. Asseyons-nous !

Ils s'assoient à la terrasse du café.

Monsieur A : Tenez, prenez cette... Êtes-vous bien ?

Madame B : Très bien, merci, je vous.

Monsieur A *(appelant)* : Garçon !

Le Garçon *(s'approchant)* : Ce sera ?

---

1. Mystérieux, secret.

Monsieur A *(à Madame B)* : Que désirez-vous, chère... ?

Madame B *(désignant une affiche d'apéritif)* : Là... là : la même chose que... En tout cas, mêmes couleurs que.

75 **Le Garçon :** Bon, compris ! Et pour Monsieur ?

Monsieur A : Non, pour moi, plutôt la moitié d'un ! Vous savez !

Le Garçon : Oui. Un demi ! D'accord ! Tout de suite. Je vous.

80 *Exit le garçon[1]. Un silence.*

Monsieur A *(sur le ton de l'intimité)* : Chère ! si vous saviez comme, depuis longtemps !

Madame B *(touchée)* : Vraiment ? Serait-ce depuis que ?

Monsieur A *(étonné)* : Oui ! Justement ! Depuis que ! Mais 85 comment pouviez-vous ?

Madame B *(tendrement)* : Oh ! vous savez ! Je devine que. Surtout quand.

Monsieur A *(pressant)* : Quand quoi ?

Madame B *(péremptoire[2])* : Quand quoi ? Eh bien, mais : 90 quand quand.

Monsieur A *(jouant l'incrédule[3], mais satisfait)* : Est-ce possible ?

Madame B : Lorsque vous me mieux, vous saurez que je toujours là.

---

1. Le garçon de café sort.
2. Sur un ton affirmatif, brusquement.
3. Faisant comme s'il n'avait pas compris, ou qu'il ne voulait pas y croire.

Finissez vos phrases !

Monsieur A : Je vous crois, chère !... *(Après une hésitation, dans un grand élan)* Je vous crois, parce que je vous !

Madame B *(jouant l'incrédule)* : Oh ! vous allez me faire ? Vous êtes un grand !...

Monsieur A *(laissant libre cours à ses sentiments)* : Non ! non ! c'est vrai ! Je ne puis plus me ! Il y a trop longtemps que ! Ah ! si vous saviez ! C'est comme si je ! C'est comme si toujours je ! Enfin, aujourd'hui, voici que, que vous, que moi, que nous !

Madame B *(émue)* : Ne pas si fort ! Grand, grand ! On pourrait nous !

Monsieur A : Tant pis pour ! Je veux que chacun, je veux que tous ! Tout le monde, oui !

Madame B *(engageante, avec un doux reproche)* : Mais non, pas tout le monde : seulement nous deux !

Monsieur A *(avec un petit rire heureux et apaisé)* : C'est vrai ? Nous deux ! Comme c'est ! Quel ! Quel !

Madame B *(faisant chorus avec lui[1])* : Tel quel ! Tel quel !

Monsieur A : Nous deux, oui oui, mais vous seule, vous seule !

Madame B : Non non : moi vous, vous moi !

Le Garçon *(apportant les consommations)* : Boum ! Voilà ! Pour Madame !... Pour Monsieur !

Monsieur A : Merci... combien je vous ?

Le Garçon : Mais c'est écrit sur le, sur le...

---

1. En même temps, pour montrer qu'elle est d'accord.

Monsieur A : C'est vrai. Voyons !... Bon, bien ! Mais je n'ai pas de... Tenez voici un, vous me rendrez de la.

Le Garçon : Je vais vous en faire. Minute !

Exit le garçon.

Monsieur A *(très amoureux)* : Chère, chère. Puis-je vous : chérie ?

Madame B : Si tu...

Monsieur A *(avec emphase[1])* : Oh ! le « si tu » ! Ce « si tu » ! Mais, si tu quoi ?

Madame B *(dans un chuchotement rieur)* : Si tu, chéri !

Monsieur A *(avec un emportement juvénile[2])* : Mais alors ! N'attendons pas ma ! Partons sans ! Allons à ! Allons au !

Madame B *(le calmant d'un geste tendre)* : Voyons, chéri ! soyez moins ! soyez plus !

Le Garçon *(revenant et tendant la monnaie)* : Voici votre !... Et cinq et quinze qui font un !

Monsieur A : Merci. Tenez ! Pour vous !

Le Garçon : Merci.

Monsieur A *(lyrique[3], perdant son sang-froid)* : Chérie, maintenant que ! Maintenant que jamais ici plus qu'ailleurs n'importe comment parce que si plus tard, bien qu'aujourd'hui c'est-à-dire, en vous, en nous... *(s'interrompant soudain, sur un ton de sous-entendu galant)*, voulez-vous que par ici ?

---
1. En déclamant, avec une certaine exagération.
2. Vif, comme celui des enfants.
3. Plein d'enthousiasme.

Finissez vos phrases !

Madame B *(consentante, mais baissant les yeux pudiquement[1])* : Si cela vous, moi aussi.

Monsieur A : Oh ! ma ! Oh ! ma ! Oh ! ma, ma !

Madame B : Je vous ! À moi vous ! *(Un temps, puis, dans un souffle)* À moi tu !

Ils sortent.

RIDEAU

---

1. Modestement, comme si elle était très sage.

Après-texte

POUR COMPRENDRE

Étape 1 *Le Pot-au-feu* 122
Étape 2 *Inspecteur Toutou* 124
Étape 3 *Mange ta main* 126
Étape 4 *Finissez vos phrases !* 128
Étape 5 Les héros de contes au théâtre 130
Étape 6 Jeux de scène et jeux de mots 132

GROUPEMENTS DE TEXTES

Les héros de contes et leurs avatars 134
Jouer avec les mots 142

INTERVIEW EXCLUSIVE

Jean-Claude Grumberg répond
aux questions de Cécile Pellissier 148

INFORMATION/DOCUMENTATION

Roland Dubillard, Pierre Gripari,
Jean-Claude Grumberg, Jean Tardieu 155

LE POT-AU-FEU

Lire

1 Pourquoi UN et DEUX ont-ils décidé de préparer un pot-au-feu ?

2 Qu'est-ce qui amuse UN au début de la pièce (l.3 à 23) ? Qu'est-ce qui le surprend ensuite (l.49 à 54) ?

3 UN dit qu'après avoir trouvé le pot et le feu, il faut se procurer l'eau (l.66). Quelle est la logique de sa démarche ? Quel effet sa remarque produit-elle chez le spectateur ?

4 Qui UN désigne-t-il par le mot « spécialistes » (l.101) ?

5 À votre avis, pourquoi l'auteur n'a-t-il pas nommé les personnages et les a-t-il simplement désignés par les chiffres UN et DEUX ?

6 Quels indices dans le texte permettent de comprendre qu'UN et DEUX se connaissent ? Quels sont ceux qui laissent penser qu'ils ne sont pas intimes ?

7 Qu'est-ce qui est amusant dans cette courte pièce ?

Écrire

8 Rédigez la réplique de UN qui précède celle de DEUX (l.1-2).

9 Rédigez la lettre que DEUX pourrait écrire à sa famille à la campagne pour se procurer le bœuf (l.75-76).

10 Rédigez des indications scéniques précisant les gestes effectués et le ton employé par UN et DEUX. Vous indiquerez à quels endroits du texte elles doivent être insérées.

Chercher

11 Cherchez une recette de pot-au-feu. Ce plat vous paraît-il difficile à préparer ? Quelle remarque faites-vous sur le temps de cuisson ?

12 Complétez la liste de DEUX (l. 46 à 48) avec quinze autres objets que l'on peut acheter dans une quincaillerie.

13 Répondez à la question de UN (l. 53-54) : comment s'appelle celui qui vend de la limonade ? et celui qui vend des chauffe-bains ? Cherchez aussi d'autres métiers de vendeurs spécialisés.

14 Préparez la mise en scène de ce « diablogue » : imaginez le décor, les accessoires, les costumes. Choisissez des interprètes à qui vous donnerez des précisions de jeu.

15 Cherchez et lisez d'autres « diablogues » de Roland Dubillard. Choisissez-en deux ou trois que vous aimez particulièrement et proposez une lecture à haute voix avec un camarade.

LE TEXTE DE THÉÂTRE

Le **texte dramatique** (qui peut être aussi bien comique que tragique) est écrit pour le théâtre. Le plus souvent, il obéit à un certain nombre de règles de présentation : les **noms des personnages** sont en lettres capitales, les **indications scéniques** (qu'on nomme aussi **didascalies**) en italique et entre parenthèses.

Lorsqu'il est assez long, il est subdivisé en scènes (comme dans *Inspecteur Toutou*) et même en actes. L'**acte** correspond à un moment de l'action qui se déroule dans un endroit donné. La **scène** correspond à la présence simultanée des mêmes personnages sur le plateau de théâtre. On change donc de scène quand au moins un personnage entre dans l'espace scénique ou en sort. Cependant, actuellement, ce code n'est pas toujours respecté (comme dans *Mange ta main*).

Les personnages dialoguent en échangeant des **répliques**. Quand un personnage parle « à part », c'est-à-dire pour lui seul (en même temps que pour le public, bien sûr), et que ses partenaires ne sont pas censés l'entendre, il fait un **aparté**. Quand il est tout seul sur la scène et qu'il se parle à lui-même, il s'agit d'un **monologue** (comme celui du Génie dans la scène 1 d'*Inspecteur Toutou*). Quand une réplique est très longue, on l'appelle **tirade** (comme celle de Poucet dans *Mange ta main*, l. 502 à 532). C'est grâce aux paroles prononcées par les acteurs que le public comprend l'action, car en se parlant les uns aux autres, les personnages s'adressent en fait aux spectateurs : c'est ce qu'on nomme la **double énonciation**.

Les didascalies sont importantes pour la mise en scène de la pièce et l'interprétation des acteurs. Mais de nombreux auteurs dramatiques de notre époque, comme Jean Tardieu ou Jean-Claude Grumberg, les utilisent aussi pour renforcer la tonalité humoristique de leurs pièces en donnant des précisions apparemment inutiles pour le jeu, et plutôt fantaisistes et amusantes.

INSPECTEUR TOUTOU

Lire

1 À qui s'adresse le Génie dans la scène I ? Quelles informations importantes donne-t-il ? Comment procède-t-il pour donner ces informations ?

2 En quoi l'inspecteur Toutou est-il spécialisé ?

3 Pourquoi Toutou indique-t-il qu'il y a un mur là où le Loup désigne le public (scène III, l. 21 à 26 et l. 89-93) ?

4 Dans le comportement du Loup (scène III, l. 49 à 93), qu'est-ce qui permet de mettre en évidence qu'il est à la recherche du Petit Chaperon rouge pour le dévorer ? Pourquoi Toutou ne le comprend-il pas ?

5 Pour quelle raison la Bûcheronne veut-elle faire rechercher ses enfants (scène VII) ?

6 Qu'est-ce qui peut expliquer que le Voleur tutoie immédiatement Toutou (scène VIII) ?

7 Pourquoi Toutou se met-il subitement à aboyer (scène X, l. 56) ?

8 Quelle est la principale qualité du Génie ? En quoi cette qualité est-elle néfaste à Toutou ?

Écrire

9 L'inspecteur Toutou est convoqué par son supérieur qui lui fait un certain nombre de reproches. Rédigez la scène.

10. Écrivez un compte-rendu pour le journal du collège. Proposez un résumé de la pièce *Inspecteur Toutou* et indiquez ce qui vous a le plus amusé.

11 Vous êtes comédien (ou comédienne) et vous avez très envie de jouer l'un des personnages de la pièce *Inspecteur Toutou*. Vous apprenez qu'un célèbre metteur en scène a l'intention de la monter. Rédigez la lettre de motivation que vous pourriez lui adresser pour qu'il vous donne le rôle.

Chercher

12 Quels sont les objets magiques qui apparaissent dans cette pièce ? Quelle est leur fonction ?

13 Quel est le rôle du Musicien ? Relevez tous les endroits de la pièce où il intervient.

14 À quels moments de la pièce la bêtise et la naïveté de Toutou sont-elles particulièrement révélées ?

15 Relevez quelques didascalies qui précisent aux acteurs les gestes, les tons, les accents et les costumes qu'ils doivent employer.

16 Relevez tous les indices qui permettent de situer cette pièce dans un commissariat de police.

À SAVOIR

LES FORMES DU COMIQUE

Pour faire rire, l'auteur utilise différents moyens. Le comique peut donc prendre **différentes formes**.

- **Le comique de mots** : ce sont les *jeux de mots* (autour du mot « nom », par exemple, dans *Mange ta main*, l. 742 à 746), les *accents* (celui de la Bûcheronne dans *Inspecteur Toutou*), les *déformations* (toutes les phrases inachevées de A et B dans *Finissez vos phrases !*), les *mots inventés* (comme « tourbidonné » (l. 530) dans *Mange ta main*), les *allusions* (aux activités de nettoyage de Cendrillon dans *Mange ta main*, l. 915 à 959), les usages de *paronymes* (mots aux sons très proches) ou de termes *polysémiques* (mots qui prennent des sens différents selon le contexte, comme la baguette de la fée que l'inspecteur Toutou pense être une baguette de pain dans la scène II, l.17 à 27), ou encore les *tics de langage*, qui font rire le spectateur... On inclut donc dans cette catégorie tout usage amusant que le personnage fait du **langage**.

- **Le comique de gestes** : ce sont tous les *déplacements* et les *mouvements*, les *courses-poursuites*, les *imitations*, les *mimiques*, les *grimaces* (celles de Barbe-Bleue dans *Mange ta main*, l. 732-735), les *chutes*, les *coups* (ceux que Poucet tente de donner à Marie-Léonie dans *Mange ta main*), les *gestes* ayant une signification précise ou qui sont mal adaptés à la situation (comme ceux de Toutou qui manipule la baguette magique dans les scènes V et VI d'*Inspecteur Toutou*), qui font rire le spectateur. On inclut dans cette catégorie tout usage amusant que l'acteur fait de son **corps**.

- **Le comique de caractère** : c'est le comportement particulier d'un personnage, du fait de ses *défauts*, de ses *traits de caractère*, de ses *aspects ridicules* (l'inspecteur Toutou) qui fait rire, parce que le spectateur se moque en permanence de lui.

- **Le comique de situation** : c'est l'*incapacité* qu'éprouve le personnage à *maîtriser la situation* (comme Toutou, qui a envoyé le prince charmant se marier avec une « vraie vieille » de cent deux ans), avec toutes les conséquences amusantes et les effets comiques que cela implique, qui fait rire le spectateur.

- **Le comique de répétition** : c'est l'emploi *volontairement* répété d'un geste, d'un mot ou d'une expression (comme « pas encore » du Prince dans *Inspecteur Toutou*, scène V, l.35 à 45) qui provoque le rire du spectateur.

MANGE TA MAIN

Lire

1 Pourquoi Marie-Léonie et Poucet sont-ils venus voir Suzanne Zonzon ? Qui a pris l'initiative de cette démarche ?

2 Qu'est-ce qui rend insupportable Marie-Léonie à Poucet (l.36 à 102)?

3 Qu'est-ce qui fait réagir très violemment Poucet (l.173 à 193)?

4 Pourquoi Poucet ne veut-il pas qu'on dise que ses parents l'ont perdu (l. 257-258, l. 386-387) ?

5 Pourquoi la tête de Marie-Léonie a-t-elle été recousue à l'envers ? Pourquoi celles de ses sœurs n'ont-elles pas été recousues ? (l. 537 à 573).

6 Comment Poucet et Marie-Léonie ont-ils été mis régulièrement en contact avant leur mariage ?

7 Pour quelles raisons l'Homme cherche-t-il à dissimuler son identité (l. 732 à 735) ?

8 Pourquoi Poucet est-il obligé de remplacer Barbe-Bleue sur scène (l. 822 à 854)? Quelle réaction ce remplacement provoque-t-il chez Zonzon ?

9 Pourquoi l'Homme pense-t-il que Zonzon « est devenue folle » (l. 870) ?

Écrire

10 À la fin de la journée, Zonzon fait le bilan et remplit une fiche pour chacune des personnes qu'elle a reçues dans son cabinet, en indiquant : son identité, son âge, son adresse, sa situation familiale, son principal trait de caractère et le motif de la consultation. Rédigez ces fiches.

11 Le metteur en scène qui a fait jouer cette pièce est furieux. Une fois Barbe remis de sa grippe, il convoque les comédiens et leur demande d'interpréter « la vraie fin ». Rédigez le texte de théâtre de cette fin (à partir de la l. 822).

12 En coulisses, après les saluts et en pleine lumière, Zonzon rédige effectivement un petit conte original qui ne s'inspire pas de ceux de Charles Perrault, et qui commence par : « Il était une fois ». Écrivez ce conte.

Chercher

13 Que signifie l'expression « à petit patapon » ? Dans quelle chanson enfantine célèbre est-elle utilisée ? Pourquoi Poucet l'emploie-t-il (l. 129)?

14 Faites une recherche sur Charles Perrault et rédigez sa carte d'identité. Vous préciserez quelles sont ses principales œuvres. À quels « scandales immobiliers » Poucet fait-il référence (l. 706-707) ?

15 Lisez ou relisez l'histoire du *Petit Poucet* de Charles Perrault. À quelles péripéties est-il fait allusion dans

Mange ta main ? Quelles sont celles qui ne sont pas évoquées ? Celles qui sont transformées ?

16 Faites une recherche sur le métier de metteur en scène.

LE THÉÂTRE DANS LE THÉÂTRE

Il arrive que le processus d'écriture, de peinture ou de mise en scène soit volontairement révélé au sein même d'une œuvre. On appelle ce procédé « la mise en abyme » : l'artiste choisit par exemple de représenter une peinture dans un tableau, ou l'écrivain de raconter une histoire complète à l'intérieur d'un roman, ou l'auteur dramatique de montrer des personnages acteurs jouant ou répétant une autre pièce que celle qu'ils sont en train d'interpréter. Molière l'avait déjà fait avec *L'Impromptu de Versailles* en 1663, et Roland Dubillard s'y est aussi amusé dans l'un de ses *Diablogues* (« Tragédie classique ») !

Dans *Mange ta main*, Jean-Claude Grumberg fait basculer l'histoire en faisant intervenir maladroitement le personnage de Barbe Bleue, qui se révèle finalement comme n'étant pas celui qu'on attendait sur la scène : ce n'est pas l'acteur habituel. Cela semble troubler la comédienne, qui joue le personnage de Zonzon, et perturbe toute la fin : le spectateur est désorienté, il ne sait plus si ce qu'il voit est voulu ou non, si les comédiens jouent la pièce ou s'ils se trompent effectivement, si la « Voix féminine » fait partie du spectacle ou non. Il s'agit donc d'une sorte de clin d'œil voulu par l'auteur qui met ainsi en évidence l'aspect imaginaire de sa pièce et souligne de façon humoristique la particularité du texte de théâtre.

En effet, le théâtre est un genre littéraire qui obéit à des codes : l'écriture théâtrale ne s'improvise pas car un texte de théâtre doit être parfaitement structuré pour pouvoir fonctionner en représentation. La mise en scène d'un texte dramatique nécessite également de la rigueur, du travail et de la précision, et l'auteur aussi bien que le metteur en scène et les spectateurs ne peuvent donc pas accepter d'approximations sous peine de ratés ou même d'échec.

FINISSEZ VOS PHRASES !

Lire

1 Délimitez dans le texte les différentes étapes de l'action en leur donnant à chacune un titre.

2 Comment Monsieur A se comporte-t-il à l'égard de Madame B au début de la pièce (l.5 à 60) ? À quel moment Madame B est-elle complètement séduite ?

3 Quels sentiments Monsieur A et Madame B éprouvent-ils l'un pour l'autre ? Qu'est-ce qui permet de le comprendre quand on lit le texte ?

4 Quels sont les traits de caractère dominants de Madame B ? Ceux de Monsieur A ? Comment avez-vous pu les définir ?

5 Quel est le rôle de la ponctuation (points de suspension, points d'exclamation et points d'interrogation) dans le dialogue ? Pourquoi ne trouve-t-on pas cette ponctuation dans les didascalies ?

6 Justifiez le sous-titre : pourquoi s'agit-il d'« une heureuse rencontre » ?

Écrire

7 Résumez en quelques lignes ce qui se passe dans cette pièce.

8 Complétez les phrases inachevées du dialogue (l.5 à 64) en tenant compte du sous-titre. Confrontez ensuite vos propositions à celles de vos camarades.

9 À la manière de Monsieur A et Madame B, rédigez un dialogue de phrases inachevées, la scène se déroulant dans la salle de classe.

10 Vous avez assisté à une représentation de la pièce *Finissez vos phrases !* de Jean Tardieu. Les spectateurs ont eu diverses réactions, certaines très positives, d'autres très négatives. À la sortie du théâtre, vous avez interviewé plusieurs personnes. Transcrivez votre enregistrement (vous penserez à faire au préalable une présentation très rapide de chacune des personnes interrogées).

Chercher

11 Faites une recherche sur l'origine des adjectifs « ravie » (l. 7), « volubile » (l. 42), « juvénile » (l. 129) et « lyrique » (l. 137). Utilisez un dictionnaire de langue.

12 Faites un tableau à deux colonnes et associez à chaque personnage les didascalies qui lui correspondent. Quelles remarques pouvez-vous faire à partir de ce tableau ?

13 Préparez la mise en espace de cette courte pièce. Faites un plan, sur lequel vous indiquerez les différents endroits de jeu. Précisez les éléments de décor nécessaires et indiquez par des flèches les évolutions des personnages sur la scène.

14 Par quels moyens le metteur en scène et les comédiens peuvent-ils mettre en évidence les sentiments éprouvés par les personnages A et B, selon vous ?

15 Faites une recherche sur les métiers de techniciens de théâtre.

LES TYPES ET FORMES DE PHRASE

Une phrase peut être : **interrogative** (« Comment allez-vous ? »), **déclarative** (« Je vais très bien. »), **exclamative** (« Quelle chance de vous rencontrer ! ») ou **injonctive** (« Taisez-vous donc. »).

À ces quatre types, on peut ajouter une ou plusieurs forme(s) : la **négation** (« Vous **n'**allez **pas** nous quitter ? »), la **mise en relief** (« Et **moi** je pleure, **moi** je suis seule »), la forme **passive** (« La monnaie **est rendue** par le garçon. ») et la forme **impersonnelle** (« **Il** leur **est** impossible de se quitter. »).

L'interrogation peut être totale ou partielle.
L'interrogation **totale**, comme son nom l'indique, porte sur la totalité de la phrase : elle attend la réponse « non », « oui » ou « si » (par exemple « Êtes-vous d'accord ? **Oui** » ; « N'êtes-vous pas contente ? **Si** »).
L'interrogation **partielle** porte sur une partie de la phrase, sur l'un de ses constituants (le sujet, le COD, le COI, le complément du nom ou un complément circonstanciel). On la reconnaît parce que la réponse est autre que « oui », « non » ou « si » (par exemple : « Où allez-vous ? **À la boulangerie** » ; « Que désirez-vous ? **Une tasse de thé** »).

LES HÉROS DE CONTES AU THÉÂTRE

Lire

1 Pourquoi la Fée Rutabaga *(Inspecteur Toutou)* estime-t-elle que « c'est une grande erreur » (p. 61, l. 71-72) d'avoir empêché le déroulement traditionnel des histoires du Petit Chaperon rouge, de Blanche-Neige ou de la Belle au bois dormant ?

2 Le public d'*Inspecteur Toutou* sait-il pourquoi le Loup cherche le Petit Chaperon rouge (scène III), pourquoi la Reine veut trouver Blanche-Neige (scène IV) et Le Prince charmant sa Belle au bois dormant (scène V) ? Qu'est-ce qui rend ces scènes particulièrement amusantes ?

3 Quelle caractéristique du conte merveilleux la Bûcheronne *(Inspecteur Toutou)* met-elle en avant lorsqu'elle signale à Toutou qu'elle n'a pas de nom (p. 44, l. 10 à 20) ?

4 Quelle caractéristique du conte merveilleux Suzanne Zonzon met-elle en évidence à la fin de *Mange ta main* (l. 965) ?

5 Relevez un certain nombre de mots et expressions qui indiquent que les personnages de Poucet et Marie-Léonie *(Mange ta main)*, de la Fée Rutabaga et du Prince *(Inspecteur Toutou)* sont bien de notre époque.

Écrire

6 Choisissez l'un des personnages de contes qui apparaissent dans *Inspecteur Toutou* ou *Mange ta main*. Faites-lui ensuite raconter son histoire, de son point de vue, en le faisant parler à la première personne (de la même manière que Poucet ou la Reine).

7 Ajoutez une scène 7bis à la pièce *Inspecteur Toutou* : Toutou reçoit dans son bureau un autre personnage de conte que vous connaissez.

8 Suzanne Zonzon *(Mange ta main)* et Toutou *(Inspecteur Toutou)* se rencontrent et échangent leurs impressions sur la journée qu'ils viennent l'un et l'autre de passer. Rédigez le dialogue.

Chercher

9 Faites la liste de tous les personnages de contes qui apparaissent ou sont évoqués dans *Inspecteur Toutou* et *Mange ta main*. Faites ensuite une recherche sur les contes dont ils sont les héros. Dans quelle œuvre de quel auteur peut-on les trouver ? À quelle époque ces contes ont-ils été écrits ? Dans quels pays ?

10 Relisez puis racontez à l'oral l'histoire de Blanche-Neige ou celle de Barbe Bleue.

11 À quelle fable de La Fontaine le Loup fait-il allusion dans la scène III d'*Inspecteur Toutou* (p. 24, l. 31 à 46) ? Recherchez-la et apprenez-la par cœur.

12 Quels autres couples célèbres de contes Suzanne Zonzon *(Mange ta main)* aurait-elle pu raccommoder ?

13 Faites une recherche sur les reprises et adaptations du *Petit Chaperon rouge*.

REPRISES, ADAPTATIONS, PASTICHES ET PARODIES

Les célèbres contes de Mme d'Aulnoy, Perrault, Grimm ou Andersen ont souvent été repris par leurs successeurs. Ils ont alors été soit **remaniés** (comme c'est le cas dans *Inspecteur Toutou* et *Mange ta main* où l'on retrouve des héros dans un tout autre contexte), soit **adaptés**, soit **pastichés** ou encore **parodiés**.

L'*adaptation* consiste à faire passer une œuvre d'un mode d'expression à un autre. Ainsi, on peut trouver l'histoire de Cendrillon sur de nombreux supports : au cinéma, en BD, en film d'animation, chantée par des choristes et des solistes dans un opéra ou dans une comédie musicale, dansée dans des ballets, montrée par des marionnettes ou par des ombres chinoises… Il peut même arriver que l'adaptation d'une œuvre soit considérée comme étant de meilleure qualité que son modèle d'origine, ou même qu'elle prenne une telle distance avec l'original qu'elle en devient une œuvre à part entière.

Le *pastiche* désigne une œuvre d'imitation, le plus souvent littéraire, dans laquelle on reproduit le style d'un artiste en en restant si proche qu'il n'est pas toujours facile de le déceler. L'objectif du pasticheur est de s'amuser et d'amuser le lecteur, en faisant appel à sa complicité. C'est ce que fait Jean Tardieu en imitant le style propre au dialogue amoureux sans pour autant écrire des phrases complètes, montrant ainsi que les mots peuvent parfaitement être remplacés par des intonations et des mouvements du corps.

La *parodie* imite également une œuvre, un style ou un propos, mais avec l'intention de les tourner en dérision (comme le fait Poucet dans *Mange ta main* quand il raconte sa propre histoire) afin de se moquer de leur auteur en exagérant ses tics, les procédés littéraires qu'il utilise. Il s'agit donc d'une reproduction caricaturale, à visée satirique, qui cherche parfois à dénoncer une imperfection, un défaut ou à nuire à une personne.

JEUX DE SCÈNE ET JEUX DE MOTS

Lire

1 Indiquez ce qui signale qu'UN et DEUX *(Le Pot-au-feu)* ont déjà commencé leur conversation lorsque le rideau s'ouvre.

2 Comparez la première et la dernière réplique du *Pot-au-feu*. Comment le dialogue d'UN et DEUX a-t-il évolué entre le début et la fin de la pièce ?

3 Comment pouvez-vous qualifier la conversation de UN et DEUX dans *Le Pot-au-feu* ?

4 À votre avis, pourquoi l'auteur a-t-il fait parler le Musicien à la place de la Fée Rutabaga dans les scènes II, IV, VI et IX d'*Inspecteur Toutou* ?

5 Par quels procédés l'auteur entretient-il le suspense au début de *Mange ta main* (l.1 à 39) ?

6 Pourquoi la « Voix féminine » intervient-elle à la fin de *Mange ta main* (p. 103-104)? De quelle personne est-elle en principe la voix ?

7 Lisez à haute voix la pièce *Finissez vos phrases !* en suivant les indications de l'auteur : vous devrez mettre en évidence les différents tons employés par les deux personnages.

Écrire

8 Lisez « Le Grand Combat » d'Henri Michaux (p. 146-147) et « le Timide » de Jacques Charpentreau (p. 147). Quel procédé chaque auteur a-t-il employé pour jouer avec le langage ? Quel est l'effet ?

9 À la manière de la Fée, à la fin d'*Inspecteur Toutou*, inventez et rédigez trois petites chansons de trois couplets qui viendraient chacune conclure les autres pièces de ce recueil.

Chercher

10 Faites une liste de dix mots ou expressions composés avec le nom « pot » (comme « pot-au-feu »).

11 Cherchez la définition du mot « marâtre » dans un dictionnaire. Citez quelques célèbres marâtres de la littérature.

12 Relevez tous les passages d'*Inspecteur Toutou* dans lesquels Toutou se trompe sur le sens d'un mot. Quel est l'effet de cette méprise sur le public ?

13 Dans *Mange ta main*, relevez cinq exemples de mots appartenant au langage très familier (et même grossier), cinq exemples de mots appartenant au langage soutenu et cinq exemples de mots ou d'expressions anciennes qui ne sont plus vraiment utilisés actuellement.

14 Dans *Mange ta main*, relevez des mots-valises et des expressions familières construites à partir de paronymes.

15 Relevez tous les sons et bruitages qui sont signalés dans *Inspecteur Toutou* et *Mange ta main*. Comment vous y prendriez-vous pour les faire entendre sur scène ?

16 Cherchez quelques virelangues et amusez-vous à les prononcer le plus vite possible, sans vous tromper !

À SAVOIR

LES JEUX SUR LES MOTS

Le langage offre de nombreuses possibilités de **jeux sur les mots**.

Le **calembour** se sert de la différence de sens des mots **homophones** (par exemple, pour faire un pot-au-feu, UN dit qu'il faut un pot, de l'eau et du feu (*Le Pot-au-feu*, l. 66).

Le **mot-valise** (terme inventé par Lewis Carroll, l'auteur d'*Alice au pays des merveilles*) associe deux mots qui ont une syllabe commune pour n'en faire qu'un (par exemple « foultitude », qui associe la « foule » et la « multitude », ou « franglais », de « français » et « anglais »).

Le **virelangue** est une courte phrase difficile à prononcer et parfois à comprendre. On s'en sert beaucoup au théâtre comme exercice pour améliorer la prononciation (par exemple : « seize jacinthes sèchent dans seize sachets sales »).

Les **expressions imagées** (ou **idiomatiques**), qui sont propres à une langue, passent par une image et jouent de la différence entre la signification (le **sens propre**) et le sens attribué (c'est-à-dire le **sens figuré**) de l'expression (par exemple, « raconter des salades » pour « mentir » ou « jeter l'argent par les fenêtres » pour « dépenser sans compter »). Certains auteurs s'amusent du décalage entre les deux sens.

On peut également employer des **onomatopées** (mots dont le son évoque ce qu'il désigne, comme « tic-tac »), des mots **polysémiques** (qui ont plusieurs sens) ou des **paronymes** (mots qui ont des sonorités très proches), faire des allusions à des textes ou des chansons (comme le fait Poucet, dans *Mange ta main*, avec l'expression « petit patapon »), mélanger des dialectes (variantes régionales d'une langue) ou inverser des syllabes…

GROUPEMENTS DE TEXTES

LES HÉROS DE CONTES ET LEURS AVATARS

Pierre Gripari et Jean-Claude Grumberg font dans leur œuvre une large place aux contes. Certains personnages malicieux de Pierre Gripari, comme la sorcière du placard à balais, le géant aux chaussettes rouges ou la fée du robinet sont devenus très célèbres et peuplent désormais l'univers des enfants de notre époque. Pinok et la drôle de Marie des grenouilles, qui embrasse tous les crapauds jusqu'à l'écœurement, sont des créations singulières autrement espiègles de Jean-Claude Grumberg. Mais tout en concevant leurs histoires très originales, ces deux dramaturges se sont nourris de celles d'auteurs qui les ont précédés et de Charles Perrault en particulier, dont on retrouve certains héros dans *Inspecteur Toutou* et *Mange ta main*.

De nombreux autres artistes, écrivains, musiciens, cinéastes, chorégraphes ou dramaturges ont repris à leur façon les célèbres contes du temps passé. Ils les ont réécrits, détournés, pastichés, parodiés ou adaptés, rendant ainsi hommage au grand Charles Perrault qui, le premier, a inscrit dans les pages d'un livre ces histoires populaires aussi merveilleuses que terrifiantes. Voici quelques exemples :

Pepito Mateo (né en 1948)
Le Petit Cépou et autres contes © Syros Jeunesse

Pepito Mateo, né en 1948, est conteur et comédien. Ses spectacles originaux mettent en scène des contes en utilisant toutes

Les héros de contes et leurs avatars

les possibilités des arts du spectacle vivant. Grand « détourneur de mots », il s'appuie énormément sur les ressources du langage, la poésie, l'humour et les jeux de mots.

Saint-Denis, banlieue Nord, le tram numéro 7 glisse sur les rails luisants comme des serpents. Il dévale la rue des Petits-Cailloux. Dans le tram, on peut voir successivement : le chauffeur au visage d'ogre en lame de couteau, une dame au manteau imitation renard, un fonctionnaire au teint poussiéreux, un groupe d'enfants délurés, une vieille essoufflée en compagnie de son chat Nestor…

Et, tout au bout, le petit Cépou, un gamin de quartier qui regarde ses baskets en redressant à chaque tournant sa mèche en forme de banane.

À l'arrêt « 7 banlieues », attention les yeux ! Une bande de contrôleurs est sur le pied de guerre…

Ça sent la chair fraîche…

Le petit Cépou en a vu d'autres.

Il échappe de justesse au guet-apens et se précipite rue Picasso.

Il est en retard pour le dîner.

Chez ses parents, les Perrault, tous les soirs à la même heure, on regarde les jeux à la télé… Et prière de ne pas déranger !

– Ça alors, dit la mère, ils ont encore gagné ! Ça ne risque pas de nous arriver !

Il faut dire qu'avec sept gosses à nourrir, le père sans boulot et la grand-mère qui s'est cassé le col du fémur… c'est un peu dur !

– Je ferai ce qu'il faudra, dit le père, et sa main, sa lourde main, s'abat sur le pauvre réveille-matin qui vient se mettre en position alarme à 7 heures moins le quart.

Les héros de contes et leurs avatars

Roald Dahl (1916-1990)

« Blanche-Neige et les sept nains » in *Un conte peut en cacher un autre*, trad. Anne Krief © Gallimard Jeunesse

Dans son célèbre ouvrage *Un conte peut en cacher un autre*, paru en 1982 en Angleterre sous le titre *Revolting Rhymes*, Roald Dahl a réécrit en vers et à sa façon quelques-unes des histoires de Charles Perrault. Voici celle de Blanche-Neige.

Quand la mère de Blanche-Neige mourut,
Le roi, son père, dit d'un ton bourru :
« Ah ! quel ennui, perdre sa femme !
Il faut trouver une autre dame. »
(Pour un roi il n'est jamais pratique
De se procurer ce genre d'article.)
Il fit paraître une annonce dans les journaux :
« Roi cherche reine », disait le texte en peu de mots.
De milliers de jeunes filles il reçut la réponse,
Qui voulaient être reines par petites annonces.
Le roi déclara avec un air sournois :
« J'aimerais bien les essayer une fois. »
Il finit par choisir pourtant
Une demoiselle Machin-Chose
Qui possédait un teint de rose
Et un gadget intéressant :
C'était un miroir qu'un cadre de cuivre ornait,
Un miroir magique qui parlait français.
Quand on l'interrogeait
Sur n'importe quel sujet
Il répondait sans hésiter.

Les héros de contes et leurs avatars

« Miroir, qu'y a-t-il pour le déjeuner ? »
Le miroir répliquait aussi sec :
« Aujourd'hui, c'est purée et beefsteak. »
La nouvelle reine, très bête et vilaine,
Demandait au miroir, chaque jour de la semaine :
« Miroir, miroir, dis-moi un peu
Qui est la plus belle à tes yeux ? »
« Ô Madame la Reine, c'est vous la plus belle.
La plus belle de ce palais,
Belle comme un oiseau népalais ! »

Zarko Petan (né en 1929)

Le Procès du Loup, Éditions Magnard, « Classiques & Contemporains » n° 80

Zarko Petan est un grand écrivain et dramaturge slovène. Directeur général de la télévision et de la radio slovènes puis directeur général du Théâtre national slovène, il a écrit 70 ouvrages de tous genres dont cinquante ont été traduits dans 31 langues, a mis en scène plus de 122 pièces de théâtre et a reçu plus de 50 prix nationaux et internationaux récompensant son œuvre artistique. Voici comment il imagine que l'on pourrait juger le Loup meurtrier du Petit Chaperon rouge :

LE JUGE. Nous allons maintenant procéder à l'audition des témoins. En premier lieu ceux de l'accusation, ensuite, nous passerons à ceux de la défense. Maître, veuillez, je vous prie, faire comparaître les témoins de l'accusation dans l'ordre.
LE LOUP. C'est ça. Dans l'ordre.

Les héros de contes et leurs avatars

LE JUGE. Bien sûr.

L'AVOCAT DE LA PARTIE CIVILE. Nous avons plusieurs témoins. Tout d'abord, le Petit Chaperon rouge lui-même, puis la Grand-Mère, puis le Chasseur, puis les écrivains nommés Grimm.

LE JUGE. Cela va être long. Et vous, Maître, quels sont vos témoins ?

LE DÉFENSEUR. J'en ai trois. L'Ours et le Lièvre. Enfin, Tante Renard.

LE JUGE. Parfait. Commençons, s'il vous plaît. Je suppose, Maître, que nous allons commencer par la petite fille ? Elle doit être fatiguée depuis le temps qu'elle attend.

LE DÉFENSEUR. Oui, Votre Honneur.

LE LOUP. Ça, c'est sûr. Depuis le temps...

LE JUGE. On ne vous demande pas votre avis.

LE LOUP. C'est bon, c'est bon...

(On fait entrer le Petit Chaperon rouge. Elle va jusqu'à la barre des témoins en saluant tout le monde. Elle fait un signe de connivence au Loup qui lui répond de la même manière.)

LE JUGE. Votre nom, mon enfant.

LE PETIT CHAPERON ROUGE. Rouge.

LE JUGE. Parfait. Votre prénom, maintenant.

LE PETIT CHAPERON ROUGE. Chaperon.

LE JUGE. Vous connaissez l'accusé, mon enfant ?

LE PETIT CHAPERON ROUGE. Vous voulez dire le Loup ?

LE JUGE. Oui, mon enfant. Mais n'ayez pas peur. Il est entre nos mains maintenant.

LE PETIT CHAPERON ROUGE. Oh, mais je n'ai nullement peur de lui.

LE JUGE. N'empêche qu'il a dû te faire peur quand il t'a dévorée. Tu te souviens ?

LE PETIT CHAPERON ROUGE. Oh, vous savez, ça s'est passé si vite que je n'ai pas eu le temps d'avoir peur. Une, deux et demie et trois, et hop j'étais déjà partie.

LE JUGE. Partie ? Mais partie où ?

Les héros de contes et leurs avatars

LE PETIT CHAPERON ROUGE. Mais dans le ventre du Loup, tiens...
LE JUGE. Et qu'as-tu éprouvé à ce moment-là, mon enfant ?
LE PETIT CHAPERON ROUGE. J'étais très serrée.
LE JUGE. Tu veux dire, je pense, que ton cœur était très serré.
LE PETIT CHAPERON ROUGE. Mais non, Monsieur. Vous ne comprenez rien. Je vous dis que j'étais très serrée dans le ventre du Loup parce qu'il y avait déjà quelqu'un là qui prenait toute la place. Et ce quelqu'un, c'était ma grand-mère. Toutes les deux, nous ne pouvions pas bouger. Impossible. Heureusement que le Chasseur nous a délivrées.

LE JUGE. Est-ce que le Loup t'a torturée avant de t'avaler ?
LE PETIT CHAPERON ROUGE. Torturée ? Lui ? Oh non. Il a été très gentil. Très très gentil. Comme toujours, d'ailleurs. *(Elle fait un signe d'amitié au Loup qui lui répond toujours de la même manière.)*

LE JUGE. *(Désarçonné)* Bon... L'Avocat de la défense a-t-il une question à poser au témoin ?

LE DÉFENSEUR. Non. Ah si... Petit Chaperon rouge, connaissez-vous le Loup depuis longtemps ?

LE PETIT CHAPERON ROUGE. Ça fait très longtemps que nous nous connaissons. N'est-ce pas, Loup ?

LE LOUP. Je pense bien...

LE JUGE. Monsieur l'Avocat de la partie civile, avez-vous une question à poser ?

L'AVOCAT DE LA PARTIE CIVILE. Sûrement. Est-ce que le Loup t'a déjà mangée autrefois ?

LE PETIT CHAPERON ROUGE. Oh non. C'était la première fois. Il devait avoir très faim, le pauvre.

LE LOUP. Ça, c'est vrai, j'avais faim. J'ai tout le temps faim d'ailleurs.
LE JUGE. Accusé, taisez-vous. Vous n'avez pas la parole.
L'AVOCAT DE LA PARTIE CIVILE. J'ai terminé, Monsieur le Juge.
LE JUGE. Ouf ! Petit Chaperon rouge, maintenant, tu peux aller t'asseoir. Va te reposer. *(Le Petit Chaperon rouge se dirige vers le Loup.)*

Les héros de contes et leurs avatars

Non, pas par là. Là-bas... *(Même signe de connivence entre le Loup et le Chaperon rouge.)* Et maintenant, faites entrer la Grand-Mère. C'est une femme adulte et sensée, je suis convaincu que nous en tirerons des preuves indubitables de la culpabilité de ce sinistre individu.

Guillaume Apollinaire (1880-1918)

« La Suite de Cendrillon, ou Le rat et les six lézards » in *Contes retrouvés*, recueillis dans *Œuvres en prose*, tome 1, La Pléiade © Gallimard

Guillaume Apollinaire est un poète et écrivain français, considéré comme l'un des plus importants du début du xxe siècle. Il est connu pour ses nombreux poèmes souvent mis en chansons, ses calligrammes et ses écrits sur les lettres et les arts. Il s'est amusé à imaginer la suite de *Cendrillon*, attirant plus particulièrement l'attention du lecteur sur ce qu'il est advenu de la fameuse citrouille transformée en carrosse par les bons soins de la fée marraine. Voici sa version des faits, qui est parue après sa mort, en 1919 :

> Il n'a pas été dit ce que devint l'équipage[1] de Cendrillon lorsqu'après le second bal de la cour, ayant entendu sonner le premier coup de minuit et ayant perdu sa pantoufle de vair[2], elle ne le retrouva plus à la porte du palais royal.
>
> La fée, qui était la marraine de Cendrillon, n'eut point la cruauté de faire redevenir rat le gros cocher qui avait de maîtresses moustaches[3], et

---

1. C'est-à-dire le carrosse, les chevaux, le cocher et les laquais qui se placent sur le marchepied à l'arrière.
2. Fourrure de certains écureuils (en particulier celle du petit-gris)
3. Des moustaches épaisses, remarquables tellement elles étaient volumineuses.

Les héros de contes et leurs avatars

lézards les six laquais aux habits chamarrés[1], et, comme elle leur faisait l'honneur de les laisser hommes, elle laissa par la même occasion la citrouille creuse changée en beau carrosse doré et les six souris restèrent six beaux chevaux gris de souris pommelés[2].

Mais au premier coup de minuit, le gros cocher se prend à penser qu'il tirera plus d'argent de la vente du carrosse et des chevaux qu'il ne gagnera en épargnant sur ses gages[3] durant de longues années, et que les six laquais, paresseux fieffés[4], formeront volontiers une bande dont il sera le chef et qui ira rançonner[5] les voyageurs sur les grands chemins.

Et fouette cocher ! L'attelage détala avant que Cendrillon fût arrivée à la porte du palais. Il ne s'arrêta que devant un cabaret[6] où, tout en mordillant un dindon flanqué[7] de deux poulardes et en vidant les pots pleins de vin, cette noble clique[8] vendit les chevaux et la voiture au cabaretier qui en offrait un nombre suffisant de pistoles[9].

---

1. Ornés de galons, de pièces de tissu.
2. À la robe blanche tachée de gris pour un cheval.
3. Son salaire.
4. Paresseux, au plus haut point.
5. Exiger de l'argent en faisant des menaces.
6. Endroit où l'on organise des spectacles et où l'on peut se restaurer.
7. Accompagné.
8. Cette bande de truands. En la qualifiant de « noble », l'auteur est ironique.
9. Ancienne monnaie (pièces d'or).

GROUPEMENTS DE TEXTES

JOUER AVEC LES MOTS

Le verbe « jouer » est issu du latin *jocus*, qui signifie « plaisanterie ». Il est associé à l'idée du délassement, de l'amusement et du plaisir. On dit de l'enfance qu'elle est l'âge du jeu, et pour chaque époque de la vie, il existe les jeux de mains et les jeux de balle, les jeux de société et les jeux de hasard… Mais jouer peut être aussi un métier qui requiert un savoir-faire, une technique et donc beaucoup de travail : le comédien joue un personnage, le musicien joue d'un instrument, le technicien manipule son jeu d'orgue, c'est-à-dire son tableau de commandes électrique, et le metteur en scène met en jeu.

Le poète, lui, joue avec les mots. Il les assemble, les disperse et parfois les transforme, ou bien les tord et les déforme, afin de leur faire perdre leur sens premier ou de faire éclater toutes leurs sonorités. Si la page blanche est son point de départ, le théâtre se prête parfaitement à ses manipulations en tous genres : jeux d'esprit, jeux de mots et jeux d'écriture participent aux jeux de scène… Pour les poètes, comme Jean Tardieu ou Roland Dubillard, les mots peuvent aussi se donner en spectacle.

Charles Cros (1842-1888)
« Le Hareng Saur » in *Le Coffret de santal*

Ce poème de Charles Cros, créé à partir d'une histoire qu'il raconta un soir à son fils pour l'endormir, est à l'origine d'un genre théâtral nouveau, le « monologue fumiste », qui fit fureur

Jouer avec les mots

dans les années 1880. Coquelin Cadet, célèbre comédien de la fin du XIXe siècle, fut le premier à mettre en scène dans les cafés-concerts de la Belle Époque ces monologues qu'il définissait comme des pièces courtes à un personnage, toujours comiques et « au rythme nécessairement rapide ». En association avec son frère, il publia un ouvrage intitulé *L'Art de dire le monologue* (1884) dans lequel il donne des conseils de mise en jeu pour les interpréter. Après les grandes pièces en vers, tragédies ou comédies, la poésie se met désormais malicieusement en scène.

À Guy,

Il était un grand mur blanc – nu, nu, nu,
Contre le mur une échelle – haute, haute, haute,
Et, par terre, un hareng saur[1] – sec, sec, sec.

Il vient, tenant dans ses mains – sales, sales, sales,
Un marteau lourd, un grand clou – pointu, pointu, pointu,
Un peloton de ficelle – gros, gros, gros.

Alors il monte à l'échelle – haute, haute, haute,
Et plante le clou pointu – toc, toc, toc,
Tout en haut du grand mur blanc – nu, nu, nu.

Il laisse aller le marteau – qui tombe, qui tombe, qui tombe,
Attache au clou la ficelle – longue, longue, longue,
Et, au bout, le hareng saur – sec, sec, sec.

---

1. Filet de poisson salé et séché à la fumée.

Jouer avec les mots

Il redescend de l'échelle – haute, haute, haute,
L'emporte avec le marteau – lourd, lourd, lourd,
Et puis, il s'en va ailleurs – loin, loin, loin.

Et, depuis, le hareng saur – sec, sec, sec,
Au bout de cette ficelle – longue, longue, longue,
Très lentement se balance – toujours, toujours, toujours.

J'ai composé cette histoire – simple, simple, simple,
Pour mettre en fureur les gens – graves, graves, graves,
Et amuser les enfants – petits, petits, petits.

Charles Cros (1842-1888)
« Autrefois » in *Saynètes et monologues*

Autre monologue, en prose cette fois, toujours de Charles Cros, dans lequel le récitant semble être la proie des mêmes incertitudes et des mêmes questionnements que UN et DEUX dans les *Diablogues*. ?

PERSONNAGE : Le récitant........ M. Coquelin Cadet.

Il y a longtemps – mais longtemps ce n'est pas assez pour vous donner l'idée... Pourtant comment dire mieux ?
Il y a longtemps, longtemps, longtemps ; mais longtemps, longtemps.
Alors, un jour... non, il n'y avait pas de jour, ni de nuit, alors une fois, mais il n'y avait... Si, une fois, comment voulez-vous parler ? Alors il se mit dans la tête (non, il n'y avait pas de tête), dans l'idée... Oui, c'est bien cela, dans l'idée de faire quelque chose.

Jouer avec les mots

Il voulait boire. Mais boire quoi ? Il n'y avait pas de vermouth[1], pas de madère[1], pas de vin blanc, pas de vin rouge, pas de bière Dreher[2], pas de cidre, pas d'eau ! C'est que vous ne pensez pas qu'il a fallu inventer tout ça, que ce n'était pas encore fait, que le progrès a marché. Oh ! le progrès !

Ne pouvant pas boire, il voulait manger. Mais manger quoi ? Il n'y avait pas de soupe à l'oseille, pas de turbot[3] sauce aux câpres[4], pas de rôti, pas de pommes de terre, pas le bœuf à la mode[5], pas de poires, pas de fromages de Roquefort, pas d'indigestion, pas d'endroits pour être seul... nous vivons dans le progrès ! Nous croyons que ça a toujours existé tout ça !

Alors ne pouvant ni boire, ni manger, il voulut chanter *(gaiement)*, chanter. Chanter *(triste)*, oui, mais chanter quoi ? Pas de chansons, pas de romances, *mon cœur ! Petite fleur !* Pas de cœur, pas de fleur, pas de *laïtou : tu t'en ferais claquer le système !*[6] Pas d'air pour porter la voix, pas de violon, pas d'accordéon, pas d'orgue, *(geste)* pas de piano ! vous savez pour se faire accompagner par la fille de sa concierge ; pas de concierge ! Oh ! le progrès !

Peux pas chanter, impossible ? Eh bien je vais danser. Mais danser où ? Sur quoi ? Pas de parquet ciré, vous savez pour tomber. Pas de soirées avec des lustres, des girandoles[7] aux murs qui vous jettent de la bougie dans le dos, des verres, des sirops qu'on renverse sur les robes ! Pas de robes ! Pas de danseuses pour porter les robes ! Pas de pères ronfleurs, pas de mères couperosées[8] pour empêcher de danser en rond !

---

1. Apéritifs à base de vin cuit.
2. Marque de bière autrichienne.
3. Poisson plat très estimé pour sa chair délicieuse.
4. Fruits du câprier confits dans le vinaigre et utilisés comme condiments.
5. (ou bœuf mode) : Plat cuisiné à base de bœuf bouilli.
6. Style de paroles que l'on trouve dans les romances et les chansons populaires.
7. Chandeliers à plusieurs branches.
8. Dont les joues sont rouges ou violacées à cause de la dilatation des vaisseaux.

Jouer avec les mots

Alors pas boire, pas manger, pas chanter, pas danser. Que faire ? – Dormir ! Eh bien, je vais dormir. Dormir, mais il n'y avait pas de nuit, pas de ces moments qui ne veulent pas passer (vous savez, quand on bâille *(il bâille)*, qu'on bâille, qu'on bâille le soir).

Henri Michaux (1899-1984)
« Le Grand Combat » in *Qui je fus* © Éditions Gallimard

Henri Michaux est un écrivain et peintre d'origine belge. Poète du mouvement, des voyages et des explorations, il crée un langage expressif bien à lui qui joue avec la vitesse et les sonorités.

Il l'emparouille et l'endosque contre terre ;
Il le rague et le roupète jusqu'à son drâle ;
Il le pratèle et le libuque et lui baruffle les ouillais ;
Il le tocarde et le marmine,
Le manage rape à ri et ripe à ra.
Enfin il l'écorcobalisse.
L'autre hésite, s'espudrine, se défaisse, se torse et se ruine.
C'en sera bientôt fini de lui ;
Il se reprise et s'emmargine… mais en vain
Le cerceau tombe qui a tant roulé.
Abrah ! Abrah ! Abrah !
Le pied a failli !
Le bras a cassé !
Le sang a coulé !
Fouille, fouille, fouille
Dans la marmite de son ventre est un grand secret
Mégères alentour qui pleurez dans vos mouchoirs ;
On s'étonne, on s'étonne, on s'étonne

Jouer avec les mots

Et vous regarde,
On cherche aussi, nous autres, le Grand Secret.

Jacques Charpentreau (né en 1928)
« Le Timide » in *Mon premier livre de poèmes pour rire*, Éditions de l'Atelier

Jacques Charpentreau a publié une trentaine de recueils de poésie, ainsi que des contes, des nouvelles, des essais et des dictionnaires. Sa poésie, très variée, privilégiant le rythme et la musicalité, a très souvent été mise en chansons. Tendre et humoristique, elle adresse des signes discrets et malicieux au lecteur, comme semble le faire ce timide en manque de mots :

> Je ne sais com. je pour. vous di.
> Comb. mon cœur est tout remp. de vous.
> Je tremb., j'hési. et je bafou.
> Je m'en rends comp. : je suis ridi.
>
> Com. vous le di. ? Je bred., je n'o.
> Vous parl. de mon grand am. ; et pour.,
> Vous m'écou… et je vous vois sour.
> Car vous me comp. à demi-mots.

INTERVIEW EXCLUSIVE

Pour la collection « Classiques & Contemporains », Jean-Claude Grumberg a accepté de répondre aux questions de Cécile Pellissier, auteur du présent appareil pédagogique.

Cécile Pellissier : D'où vous est venue l'envie d'écrire, et particulièrement d'écrire pour le théâtre ?

Jean-Claude Grumberg : L'envie d'écrire m'est venue parce que je ne réussissais pas dans le métier de comédien.

De 14 à 18 ans, j'ai été apprenti tailleur. Comme je travaillais dans des ateliers dans lesquels il n'y avait que des adultes, j'ai cherché des loisirs qui me permettraient d'être avec des jeunes de mon âge. J'ai essayé le foot, mais ça n'a pas marché. Alors, j'ai adhéré à une organisation, l'Union de la jeunesse républicaine de France, où on m'a proposé soit de vendre des journaux, soit de faire du théâtre. J'ai préféré le théâtre. J'étais le plus jeune, pourtant j'ai eu le premier rôle de la pièce qu'on était en train de monter (*L'anglais tel qu'on le parle*, de Tristan Bernard)… Puis je suis rentré dans une troupe amateur, qui s'est ensuite dissoute. À 18-19 ans, quand j'ai terminé mon apprentissage, j'ai donc décidé d'être comédien. C'était une voie hasardeuse et cela n'a pas été facile. J'ai fini par trouver un emploi dans la compagnie de Jacques Fabbri, qui était très connue à l'époque, c'était La compagnie comique. On m'a engagé parce que j'avais été tailleur et qu'on avait besoin de quelqu'un pour s'occuper des costumes. En même temps, je faisais de la figuration, des remplacements.

C'est là que j'ai commencé à écrire. D'abord, j'ai adapté pour le théâtre une nouvelle de Tchekhov, *Le Duel*. Je me suis rendu compte alors que je n'éprouvais pas trop de difficultés à rédiger les dialogues. J'ai ensuite proposé à Jacques Fabbri de lui écrire une pièce. C'était une sorte de défi, car il pensait que je n'y arriverais pas. Je l'ai rédigée en un mois. Mais il a voulu la modifier à sa façon, intervenir. Je n'ai pas accepté. C'est peut-être cela qui a fait de moi un auteur, le fait de me sentir responsable de ce que j'avais écrit.

Il y a eu ensuite une autre étape. Je me suis marié. Nous avons eu un enfant. Cet enfant est mort. En une nuit, j'ai alors écrit une pièce qui s'intitule *Chez Pierrot*. Cela m'a démontré que l'on n'écrit pas pour gagner sa vie, qu'on n'écrit pas pour être reconnu, mais pour exprimer quelque chose, sa douleur, dans ce cas-là, ou bien sa colère, ou éventuellement sa joie. Écrire, c'est s'exprimer. À partir de ce moment, j'ai écrit pour moi, sans me soucier de savoir si je serais joué ou pas, sans penser à des interprètes particuliers. Je me suis aussi de plus en plus rapproché de mon histoire personnelle. Et j'ai écrit *Dreyfus* d'abord, puis *L'Atelier* et après *Zone libre*.

C. P. : Pouvez-vous nous parler de votre métier d'écrivain ?
J.-C. G. : Le travail d'écriture, pour les pièces de théâtre, est très particulier. Cela n'a rien à voir avec le roman. On est toujours à la recherche de la spontanéité. Bien sûr, pour certaines pièces, il y a un long travail de documentation à faire auparavant, ne serait-ce que pour ne pas raconter de bêtises sur la période historique, par exemple. Mais depuis que j'écris des pièces pour enfants et des pièces courtes, en général je tiens une

vague idée, je m'assois et j'écris. Certaines pièces, comme *Marie des grenouilles*, ont été écrites en une demi-journée. La série des *Ça va* ? aussi a été écrite très rapidement. Il s'agit de formes courtes, pour lesquelles je m'étais fixé une contrainte : chacune devait obligatoirement commencer par « ça va », ce qui est assez rigoureux. Mais en même temps c'est comme si j'avais gagné en liberté, car à partir de cette unique contrainte je pouvais écrire ce que je voulais. À cette époque, je travaillais beaucoup pour la télévision et j'étais souvent en déplacement. Alors je les imaginais en marchant, et je les écrivais dans le train, ou bien dans une salle d'attente, dans un café.

Donc, je n'écris pas régulièrement, je n'écris pas tous les jours, je n'ai pas de discipline. Je n'ai pas de machine, pas d'ordinateur. J'écris avec un stylo, sur une feuille de papier, puis je dicte mon texte à une amie. Il faut dire qu'elle aurait du mal à lire mon brouillon, moi-même parfois je n'y arrive pas. Parce que quand ça vient, il faut aller très vite, il faut saisir la justesse qui arrive souvent au premier jet. Le travail d'écrivain consiste surtout à se libérer et aussi à ne pas se juger, ne pas se dire « Est-ce que ce que j'écris est bien ou pas bien ? ». C'est exactement comme quand on parle, on ne réfléchit pas avant de parler. Il faut cette gymnastique-là, qui est d'ailleurs la même que lorsqu'on lit. On ne réfléchit pas quand on lit, on est ému, accroché ou pas, et on prend du plaisir. C'est ce plaisir-là qu'on peut prendre en écrivant. On peut écrire dans la douleur, si on doit raconter quelque chose de douloureux. Mais on peut prendre du plaisir à bien raconter quelque chose de douloureux, ce qui n'empêche pas, dans une certaine mesure, de souffrir à nouveau. D'ailleurs, le fait d'avoir souffert et de le raconter non pas au moment de la souffrance mais au moment où on se remémore cette souffrance passée a provoqué toutes les grandes œuvres que l'on peut lire maintenant. En fait, ce qui freine beaucoup l'écriture, et je dirais même la lecture, c'est l'aspect sérieux de la chose. Je pense que Jean Racine, quand il écrivait ses tragédies, s'amusait aussi, on le sent dans certains vers : « Pour qui sont ces serpents qui sifflent sur nos têtes ? » Ça devait l'amuser, tous ces S.

Moi, j'ai pris beaucoup de plaisir à lire, et même beaucoup plus que du plaisir. Quand j'étais jeune, j'allais à la bibliothèque municipale du Xe arrondissement, à Paris, et j'empruntais neuf romans par semaine. N'importe lesquels, aussi bien dans la section adultes, avec la carte de mon frère aîné ou de ma mère, que dans la section enfants. Et je les lisais. C'était pour moi comme un moyen de vivre, de respirer, d'échapper peut-être à un quotidien qui, sans être dramatique, était chargé d'une histoire et d'un silence sans doute pesants.

C. P. : Comment sont nées vos pièces pour les enfants ?

J.-C. G. : La première que j'ai écrite, *Le Petit Violon*, est née grâce à un ami anglais, metteur en scène et directeur d'un théâtre à Londres, qui m'a passé commande. Comme je lui répondais que je ne me sentais pas capable d'écrire en anglais, et que passer par un traducteur ne me paraissait pas envisageable, il m'a répondu : « Bon. Et bien écris une pièce pour les enfants ! ». J'ai été surpris. Je n'y avais jamais pensé.

J'ai alors pensé à une nouvelle de Dickens. Je lui en ai parlé, il m'a répondu : « Mais non, ça ne peut pas aller, c'est beaucoup trop violent pour des enfants de 5-6 ans. Il faut que ça parle des couleurs, du grand et du petit, ou des nombres, des saisons. » Je n'arrivais pas à m'y mettre. Finalement, j'ai écrit très vite la pièce parce qu'un jour il m'a appelé et m'a dit que les répétitions commençaient dans quatre semaines, qu'il devait auparavant faire traduire mon texte et qu'il fallait que je le lui envoie… Je pensais que ce que j'avais fait ne conviendrait pas. Et bien, si, il l'a trouvé formidable, et il m'a même demandé de pouvoir y ajouter des chansons. Je suis allé assister à la première représentation, c'était extraordinaire. Il y avait là des enfants de toutes origines, qui parlaient plein de langues différentes, mais qui étaient tous avides, dans l'attente du spectacle. J'ai été bouleversé, je me suis dit que c'était là que cela se passait, que les citoyens se formaient. Ensuite, j'ai continué à écrire des pièces pour les enfants.

C. P. : Et *Mange ta main* ?

J.-C. G. : *Mange ta main*, c'est ma sixième pièce pour la jeunesse. Contrairement aux autres pièces, peut-être justement parce que c'était la sixième et qu'elle ne faisait plus partie des premières, j'ai beaucoup travaillé sur *Mange ta main*. Parce que ma nièce, qui à l'époque avait 11-12 ans, et à qui je lisais mes pièces pendant les vacances, m'avait dit que cela ne lui avait pas plu. Le début ne lui avait pas plu, la fin ne lui avait pas plu. Alors j'ai tout retravaillé, longuement.

Interview

Le point de départ de l'écriture est bien *Le Petit Poucet*. Pourquoi *Le Petit Poucet* ? Parce que je trouve que c'est le texte le plus terrible et le plus historique de la littérature française. Sous Louis XIV, des enfants mouraient de faim et des parents les abandonnaient. Et puis, il y a le meurtre des six petites filles. On est content pour le Petit Poucet, mais pour les six petites filles de l'ogre c'est absolument affreux ! Donc il m'est venu l'idée d'en sauver une, d'en recoudre une, peut-être parce que j'ai été tailleur… Malheureusement, sa mère la recoud à l'envers ! Et puis j'ai eu l'idée de créer une histoire d'amour entre Poucet et celle qui va devenir Mme Poucet, et donc la fille de l'ogre. Mais évidemment cela pose des problèmes : ils ne peuvent pas parler de leur famille sans rouvrir des plaies, on est donc dans un conflit… Et ensuite est venue l'idée du théâtre dans le théâtre, l'idée des comédiens qui à chaque fois reviennent dans d'autres personnages et l'idée de Mme Suzanne qui est destinée à recoudre les couples décousus. Ma mère était finisseuse, elle cousait toute la journée, on est loin du personnage de ma mère, mais c'est une sorte d'hommage. Et donc j'ai beaucoup travaillé, et finalement ça s'est monté. Ma fille a organisé des lectures théâtralisées très réussies. Il n'y a pas encore eu de représentations de *Mange ta main !*. Mais je pense que cela ne saurait tarder.

INFORMATION/DOCUMENTATION

ROLAND DUBILLARD

• *Les Diablogues*
– *Les Diablogues et autres inventions à deux voix* (1975), coll. « Folio », Gallimard, 1998, et *Les Nouveaux Diablogues* (1988), coll. « Folio », Gallimard, 1998
– Et aussi : *Le Gobe-Douille et autres diablogues*, coll. « Folio Junior Théâtre », Gallimard Jeunesse, 2000, et *La Leçon de piano et autres diablogues*, coll. Folioplus classiques, 2009
– DVD : *Les Diablogues*, de Roland Dubillard, Théâtre du Rond-Point, mise en scène d'Anne Bourgeois avec Jacques Gamblin et François Morel, réalisation de Jean-Michel Ribes, collection « Copat », 2009
• **Sur l'auteur**
– Charlotte Escamez : *Roland Dubillard et le comique*, coll. « L'Univers théâtral », L'Harmattan, 2003
• **Pour voir quelques extraits du spectacle *Les Diablogues*, avec François Morel et Jacques Gamblin, mise en scène d'Anne Bourgeois (2007) :**
http://www.tv5.org/TV5Site/publication/publi-354-Les_Diablogues_de_Roland_Dubillard.htm
• **Pour voir des collégiens jouer et commenter *Les Diablogues* :**
– présentation de l'atelier artistique de Maria Machado avec les élèves du collège du parc de Villeroy à Mennecy en 2011-2012 : http://www.ruchevideo.fr/ateliers.html. Cette expérience sera poursuivie dans *Les Enfants des Diablogues*, film pour la télévision réalisé par Ariane Dubillard, Maria Machado, Danièle et Jean Ridereau en partenariat avec l'académie de Versailles, le conseil général de l'Essonne et la ville de Mennecy (en cours de création).

PIERRE GRIPARI

• **Les pièces de théâtre**
– *Sept farces pour écoliers* (1988), illustrées par Till Charlier, Grasset Jeunesse, 2012
– *Huit farces pour collégiens* (1989), illustrées par Till Charlier, Grasset Jeunesse, 2013
• **Les contes**
– *Contes de la rue Broca. L'intégrale* (1967), illustrés par Claude Lapointe, coll. « Grands lecteurs », Grasset Jeunesse, 2012
– *La Sorcière de la rue Mouffetard et autres contes de la rue Broca*, illustrés par Fernando Puig Rosado, coll. « Les Brigands de l'histoire », Gallimard Jeunesse, 2012

– *Les Contes de la Folie Méricourt* (1983), illustrés par Serge Bloch, Grasset Jeunesse, 2012
• **Sur l'auteur**
– Anne Martin-Conrad et Jacques Marlaud : *Gripari, Qui suis-je ?*, Pardès, 2010

JEAN-CLAUDE GRUMBERG
• **Les pièces de théâtre**
Elles sont toutes parues chez Actes Sud, dans la collection Heyoka Jeunesse : *Le Petit Violon* (1999), *Marie des grenouilles* (2003), *Iq et Ox* (2003), *Pinok et Barbie* (2004), *Le Petit Chaperon Uf* (2005), *Mange ta main* (2006), *Mon étoile* (2007), *Ma chère vieille terre* (2011), *La Reine maigre* (2012)
– DVD : *Iq et Ox*, mise en scène d'Adel Hakim, créée et filmée au Théâtre du Rond-Point, coll. « Copat », 2004
• **Sur l'auteur**
– *Jean-Claude Grumberg, Théâtre aujourd'hui n° 14*, Scéren CNDP-CRDP, 2012
– Le DVD : *Jean-Claude Grumberg*, coll. « Arts au singulier théâtre », 2012 (contenant deux captations intégrales : *L'Atelier*, lors de sa première création au Théâtre de l'Odéon en 1980, mise en scène de Maurice Bénichou, Jean-Claude Grumberg et Jacques Rosner, et *Rixe*, mise en scène de Jean-Paul Roussillon, 1984, ainsi qu'un entretien avec l'auteur, conçu et conduit par Jean-Claude Lallias en 2011).

JEAN TARDIEU
• **Les pièces de théâtre**
– *La Comédie du langage*, suivie de *La Triple Mort du client*, « Folio », Gallimard, 1987
– *La Comédie de la comédie*, « Folio », Gallimard, 1990
– *La Comédie du drame*, « Folio », Gallimard, 1993
– *Finissez vos phrases !* (contient aussi *Un mot pour un autre* et *Les Mots inutiles*, ainsi qu'un « petit carnet de mise en scène » conçu par Denis Podalydès), « Folio Junior », Gallimard, 2000
– *Neuf courtes pièces*, coll. « Folioplus », Gallimard, 2009
• **Sur l'auteur**
Pour mieux connaître le poète : *Jean Tardieu, un poète*, coll. « Folio Junior », Gallimard Jeunesse, 2001

Information/Documentation

S'INFORMER AU CDI

• **Sur le théâtre**
- Agnès Pierron, *Dictionnaire de la langue du théâtre*, coll. « Les Usuels », Le Robert, 2002
- Magali Wiéner, *Le Théâtre à travers les âges*, coll. « Castor Doc », Flammarion, 2000
- André Degaine, *Le Théâtre raconté aux jeunes*, Nizet, 2006
- Marie-Claude Hubert, *Le Théâtre*, coll. « Les Essentiels », Milan, 2003

S'informer sur la programmation des pièces :
voir le site www.théâtre-contemporain.net

• **Sur les contes**
- Revue : *Le Conte, Textes et documents pour la classe,* n° 1045, 1er décembre 2012

S'INFORMER SUR INTERNET

voir les liens proposés par la revue *TDC* :
www.cndp.fr/tdc/tous-les-numeros/le-conte/sur-la-toile.html
et les fiches proposées par le site Ricochet littérature jeunesse :
www.ricochet-jeunes.org

Pour retrouver tous les titres de la collection,
rendez-vous sur **lienmini.fr/clacc**

Couverture
Conception graphique : Marie-Astrid Bailly-Maître
Illustration : Olivier Latyk

Intérieur
Conception graphique : Marie-Astrid Bailly-Maître
Édition : Anne Demarty
Réalisation : Nord Compo, Villeneuve-d'Ascq

Aux termes du Code de la propriété intellectuelle, « toute reproduction ou représentation intégrale ou partielle de la présente publication, faite par quelque procédé que ce soit (reprographie, microfilmage, scannérisation, numérisation...) sans le consentement de l'auteur ou de ses ayants droit ou ayants cause, est illicite et constitue une contrefaçon sanctionnée par les articles L.335-2 et suivants du Code de la propriété intellectuelle ».
L'autorisation d'effectuer des reproductions par reprographie doit être obtenue auprès du Centre français d'exploitation du droit de copie (CFC) – 20, rue des Grands-Augustins – 75006 PARIS – Tél. : 01 44 07 47 70 – Fax : 01 46 34 67 19.

www.magnard.fr
www.classiquesetcontemporains.com

Achevé d'imprimer en Mai 2023 en Italie par Rotolito S.p.A.
Dépôt légal : Mars 2013 – N éditeur : MAGSI20230119